上海政法学院
SHANGHAI UNIVERSITY OF POLITICAL SCIENCE AND LAW

龙洁 著

「双一流」背景下大学精神的育人工作理论、方法和模式建构

中国政法大学出版社

2019·北京

校庆筹备工作领导小组

组　长：夏小和　　刘晓红

副组长：潘牧天　　刘　刚　　关保英　　胡继灵　　姚建龙

成　员：高志刚　　韩同兰　　石其宝　　张　军　　郭玉生

　　　　欧阳美和　王晓宇　　周　毅　　赵运锋　　王明华

　　　　赵　俊　　叶　玮　　祝耀明　　蒋存耀

　　三十五年的峥嵘岁月，三十五载的春华秋实，转眼间，上海政法学院已经走过三十五个年头。三十五载年华，寒来暑往，风雨阳光。三十五年征程，不忘初心，砥砺前行。三十五年中，上海政法学院坚持"立足政法、服务上海、面向全国、放眼世界"，秉承"刻苦求实、开拓创新"的校训精神，走"以需育特、以特促强"的创新发展之路，努力培养德法兼修、全面发展，具有宽厚基础、实践能力、创新思维和全球视野的高素质复合型应用型人才，在中国特色社会主义法治建设征程中留下了浓墨重彩的一笔。

　　学校主动对接国家和社会发展重大需求，积极服务国家战略。2013 年 9 月 13 日，习近平主席在上海合作组织比什凯克峰会上宣布，中方将在上海政法学院设立"中国-上海合作组织国际司法交流合作培训基地"，愿意利用这一平台为其他成员国培养司法人才。此后，2014 年、2015 年和 2018 年，习主席又分别在上合组织杜尚别峰会、乌法峰会、青岛峰会上强调了中方要依托中国-上合基地，为成员国培训司法人才。2017 年，中国-上合基地被上海市人民政府列入《上海服务国家"一带一路"建设、发挥桥头堡作用行动方案》。五年来，学校充分发挥中国-上合基地的培训、智库和论坛三大功能，取得了一系列成果。

　　入选校庆系列丛书的三十五部作品印证了上海政法学院三十五周年的发展历程，也是中国-上海合作组织国际司法交流合作培训基地五周年的内涵提升。儒家经典《大学》开篇即倡导："大学之道，在明明德，在亲民，在止于至善。"三十五年的刻苦，在有良田美池桑竹之属的野马浜，学校历经上海法律高等专科学校、上海政法管理干部学院、上海大学法学院和上海政法学院等办学阶段。三十五年的求实，上政人孜孜不倦地奋斗在中国法治建设的道路上，为推动中国的法治文明、政治进步、经济发展、文化繁荣与社会和谐而不懈努力。三十五年的开拓，上海政法学院学科门类经历了从单一性向多元性发展的过程，形成了以法学为主干，多学科协调发展的学科体系，学科布局日臻合理，学科交叉日趋完善。三十五年的创新，在我国社会主义法治建设进程中，上海政法学院学科建设与时俱进，为国家发展、社会进步、人民福祉献上累累硕果和片片赤诚之心！

所谓大学者，非谓有大楼之谓也，有大师之谓也。三十五部作品，是上海政法学院学术实力的一次整体亮相，是对上海政法学院学术成就的一次重要盘点，是上政方家指点江山、激扬文字的历史见证，也是上海政法学院学科发展的厚重回声和历史积淀。上海政法学院教师展示学术风采、呈现学术思想，如一川清流、一缕阳光，为我国法治事业发展注入新时代的理想与精神。三十五部校庆系列丛书，藏诸名山，传之其人，体现了上海政法学院教师学术思想的精粹、气魄和境界。

红日初升，其道大光。迎着佘山日出的朝阳，莘莘学子承载着上政的学术灵魂和创新精神，走向社会、扎根司法、面向政法、服务社会国家。在佘山脚下这座美丽的花园学府，他们一起看情人坡上夕阳抹上夜色，一起欣赏天鹅一家漫步在上合基地河畔，一起奋斗在落日余晖下的图书馆。这里记录着他们拼搏的青春，放飞着他们心中的梦想。

《礼记·大学》曰："古之欲明明德于天下者，先治其国。"怀着修身、齐家、治国、平天下理想的上政师生，对国家和社会始终怀着强烈的责任心和使命感。他们积极践行，敢为人先，坚持奔走在法治实践第一线；他们秉持正义，传播法义，为社会进步摇旗呐喊。上政人有着同一份情怀，那就是校国情怀。无论岁月流逝，无论天南海北，他们情系母校，矢志不渝、和衷共济、奋力拼搏。"刻苦、求实、开拓、创新"的校训，既是办学理念的集中体现，也是学术精神的象征。

路漫漫其修远兮，吾将上下而求索。回顾三十五年的建校历程，我们有过成功，也经历过挫折；我们积累了宝贵的办学经验，也总结了深刻的教训。展望未来，学校在新的发展阶段，如何把握机会，实现新的跨越，将上海政法学院建设成一流的法学强校，是我们应当思考的问题，也是我们努力的方向。不断推进中国的法治建设，为国家的繁荣富强做出贡献，是上政人的光荣使命。我们有经世济民、福泽万邦的志向与情怀，未来我们依旧任重而道远。

天行健，君子以自强不息。著书立说，为往圣继绝学，推动学术传统的发展，是上政群英在学术发展上谱写的华丽篇章。

上海政法学院党委书记 夏小和 教授

上海政法学院校长 刘晓红 教授

2019 年 7 月 23 日

摘 要 ABSTRACT

　　大学精神是大学文化的灵魂，在以大学精神场域为核心的大学文化生态中居于统摄地位。在社会文化泥沙俱下、鱼龙混杂的时代语境下，大学文化如何育人成为一个无法回避的现实问题。文化育人，说到底是精神育人，因为精神才具有辐射、影响和改变人的力量。基于这样的立论，大学精神育人的研究逐渐从抽象走向具体，从内隐趋于外显。在已有的研究中，一种理路是把大学精神等同于大学精神文化，从功能主义的角度对大学在文化的传承、创新、育人、引领、社会服务等方面的作用进行综合性研究；另一种则沿袭历史研究的脉络，从大学精神的历史、中外大学精神的比较中探寻现代大学精神的演进路径和发展规律。虽然它们都推动了大学精神的理论与实践研究，但面对大学育人的现实困境和理论诉求仍然力不从心。故大学文化和大学精神育人的研究理路亟待改变，以实现理论研究向现实应用的转化。因此我们期待学界对大学精神的育人价值、特点和规律、发育机理、培育机制、关联要素以及实践模式等问题做出更为全面的理论阐释和系统研究。

　　本研究即是针对以上问题作出的一种回应，并将大学精神育人研究置于中国大学向现代转型的宏大背景之中。本书关注的核心问题是，大学精神作为大学文化的精髓，是如何转化为大学人的共同理想和价值追求？大学精神作为一种自在自为的力量又是如何触动人的心灵、影响人的精神面貌、发展人的理性和德性，进而转化为人的实践品格的？以此为逻辑起点，本研究从文化人类学、社会学、教育学、哲学、马克思主义精神生产理论中寻求理论支撑，运用定性研究、历史研究和比较研究等方法，按照概念梳理、历史溯源、理论建构、规律探寻、实践路径和优化策略的研究框架分成五章层层递进，完成从理论推演到现实落地的研究构架。

　　本研究的理论预设是，大学精神作为一种优质的德育资源应该加以充分挖掘与有效利用。大学精神的育人价值体现在三个方面：一是在内容的维度上可以丰富德育的价值体系；二是在功能的维度上可以提升和延展德育的功能；三是在生态的维度上能够起到净化育人环境、促进大学的文化建设和制度建设等作用。在大学精神的育人价值被证成的基础上，本研究紧扣大学精神育人的特点，探究其育人的机理和规律。大学精神育人具有正面性、复杂性、生活化和交互性等特征，大学精神发生作用的过程是一个理性、情感、意志和行为交叉和重叠的过程，大致可以分为价值引导、自主建构、品德生成和反思确认四个环节，其机理相当复杂但亦有规律可循。大学精神在自身形成、发展和完善的不同阶段，其育人过程也呈现出差异性，遵循不同的规律。总之，该过程体现了大学精神主导个体全面发展、促进师生共同成长、激发个体自我教育和引领学校全面育人的规律。只有在分析大学精神育人的特点、过程和规律的基础上，建构其独特的育人机制和育人模式才得以可能，这也为如何选择育人策略作了理论铺垫。立足大学精神的实际状况和德育转型的时代背景和挑战，本研究接下来提出了大学精神培育和育人的优化策略。一是挖掘大学课程体系和校园物质和文化环境以及大学人力资源中蕴含的大学精神；二是以激发德育主体的主动性和创造性为原则，优化大学精神育人的方法路径，借鉴榜样示范法、情感陶冶法、内省法来强化大学生精神的自我养成。三是立足于大学作为文化组织的特性，完善以现代大学制度为核心的大学治理体系建设，完成现代大学制度的精神构建。最后，大学应坚持把立德树人作为首要任务，发挥全面育人的协同效益，提升大学精神育人的效果，实现教书与育人的统一、"求学"与"问道"的统一。

目 录 / CONTENTS

引 言

一、研究的背景与选题的缘由

大学是欧洲中世纪留给世界的珍贵遗产，中古大学留存至今的，不仅仅是它的寄宿制和学院制，更有它的古典大学精神。经岁月沉淀下来的大学精神，历久而弥新，对大学的推动或改变不言而喻。正如美国布朗大学在它1956 年的招生手册上所言：布朗大学是一个古老的机构，实际上比这个国家还古老，它从其醇厚的传统与遗产中获得了伟大的力量。这是那些古老的学院与众不同的味道，有一些来自大量的经验，来自古代思想和理念的持久性，来自很早以前活着的人的记忆中保存下来的一种精神，甚至来自攀爬在墙上的常春藤。[1]这种古老的大学精神促使美国一部分历史悠久的知名学院联合起来，它们于1956 年自发结成"常春藤联盟"。常春藤后来成为美国传统名校的代名词。蕴藏在历史中伟大的大学精神力量可见一斑。

毫不夸张地说，现代大学是国家独立复兴和民族精神的策源地。德意志精神的形成肇始于德国大学的改革运动。普法战争失败后，洪堡临危受命，他与费希特等人联手组建柏林大学，共同致力于民族文化与教育的复兴。在洪堡大学思想的影响下，德国大学一跃成为19 世纪欧洲乃至世界学术中心。随后，各国纷纷仿效德国。20 世纪初，在蔡元培等人的引介下，德国大学理念漂洋过海来到中国，也催生了中国近代大学教育的萌芽与发展，北京大学、清华大学、浙江大学等一批现代意义上的大学相继诞生。在波诡云谲的民国政治乱象中，大学的发展可谓一股清流，民国时期至抗日战争前（1910～

---

〔1〕 See "what is Brown?", Bulletin of Brown University, 1956, pp. 9~10.

1937 年）大学的数量、规模发展迅猛，大学的教育质量和学术成果也可圈可点。诚如斯，人们意识到，任何技术和制度都可以从国外移植，而大学内在的精神和学术传统却无法复制。在蔡元培、梅贻琦、蒋梦麟、张伯苓等一大批教育先行者的不懈追求下，民国大学在内忧外患中筚路蓝缕，铸就了具有中国特色和民族性格的北大精神、清华精神、西南联大精神等大学精神，为20 世纪的中国革命和建设培养了大批人才，并为新中国的教育科技和各项事业奠定了坚实的基础。论贡献和成绩，民国大学可谓建功卓著。

我们也注意到中国大学百年历程与中国近代化、现代化进程的惊人巧合，印证了我国大学曾在历史上经常充当着思想先锋和文化引擎的角色。同时，大学与时代发展息息相关，时代愈发展，社会对大学赋予的功能和期望愈多。因此大学发展到今日已不可与中世纪和近代的大学等量齐观。如果用古典大学的精神来衡量今日之大学，此大学已非彼大学。因为经过上千年的发展，大学已经从单纯的"学术共同体"和"象牙塔"发展到五光十色的"知识的集市"和"多元巨型组织"；大学从只培养绅士教育的"博雅教育之地"转变为兼具学术、科研、社会服务、文化传承四项功能的"社会加油站"；大学甚至成为现代社会的中枢，它在保存知识、传递知识、创新知识的过程中发挥了越来越核心的功能。

诚然，育人、研究与社会服务等本是大学功能的题中应有之义。但是，在如黑格尔所言的真实与价值发生"断裂"的现代社会，人们也逐渐意识到，建立在知识论基础之上的大学并不能有效回应人的精神需求。在实证性知识一统天下的格局下，大学的工具理性空前膨胀，世俗性、功利性不断加剧，而大学的价值理性受到遮蔽，人文精神面临消弭的危险。一言以蔽之，当今的大学教育并不能有效解决人们对人生意义的追问和精神的归依问题。长此以往，这将不但是大学的悲哀，更将是我们民族和国家的悲哀。

钱穆先生认为，当今世界一切问题的根源在于文化，而精神文化的作用更甚。文化的三个阶层各司其职，物质文化解决的是人类求生存的问题，社会文化解决的是求安乐的问题，而只有最高层次的精神文化才能解决求崇高的问题。惟有崇高才能超越生存和安乐，体现人之为人的真正价值。[1]由此看出，精神文化在文化生态中居于核心和统摄作用。美国教育家弗莱克斯纳也

---

〔1〕 参见钱穆：《文化学大义》（新校本），九州出版社 2012 年版，第 1、12 页。

曾说:"真正的大学是一个有机体,目标崇高而明确,精神与目的统一。"[1]然而在现实中,大学在世俗化和功利化的道路上似乎渐行渐远,大学被斥为"名利的追逐场",大学培养的被讽为"精致的利己主义者",而有些大学在高等教育普及化的过程中沦为"职业教习所"。其实,世人对大学的种种诟病,都源于大学本身的精神危机。惟有重视大学深层次的精神和道德问题,并重建支撑大学发展的精神力量,才有可能超越大学的工具理性,更好地履行时代赋予大学的育人使命、科学使命、社会使命和文化使命。

沉浸在世界大学精神史和中国大学精神史中,栖栖遑遑如我,因为感动于一代代大学人对真理、良知和美德的坚守,感喟于他们在中国大学现代化和本土化过程中自觉担当的情怀,所以选择了大学精神育人研究这一主题。可以说,千千万万的大师前辈用青春甚至生命践行了大学理想,他们的精神浇筑了世界近现代大学之基。作为大学中的普通一员,我深感自己和千千万万名中国大学人一道,亦有一份责任在身。但我们既不能妄自菲薄,也不能随波逐流,而需立足于中国大学之文化自觉和独立自主的精神,去追索中国独有的大学之道。省察中外大学精神的发展路径,反观我们当前的大学现状,我们是否对知识和理性过于赞美?大学在专业化的道路上是否走得太急太远?职业导向的大学教育是否真正有利于人的长远发展?或者如金耀基先生对当代大学振聋发聩的诘问:大学是否只是求真,而与美、善无涉?

习近平总书记指出,高校的立身之本在于立德树人。只有培养出一流人才的高校,才能够成为世界一流大学。今天,在创建世界一流大学的背景下,以大学精神为突破口,以如何培育人的精神为问题导向,通过梳理中外大学精神的发展脉络,来论证大学精神作为一种重要且宝贵的德育资源,我认为对提升大学教育的品质和大学育人的实效性而言,是具有重要的理论和实践意义的课题。

本书的理论框架从七个方面展开:一是研究背景和选题缘由;二是研究思路和框架;三是研究方法;四是理论预设、主要论题与核心问题;五是主要内容;六是创新之处与不足;七是反思与改进。

首先,就大学精神育人的背景而言,我国大学在 40 年的改革开放和教育

---

〔1〕 Abraham Flexner, *Universities*:*American*, *English*, *German*, New York, Lodon and Toronto: Oxford University Press, 1930, p. 231.

现代化进程中发展迅猛，目前，基本实现了高等教育的大众化并与世界高等教育接轨，大学逐渐在我国的经济、政治、文化中扮演了举足轻重的角色，发挥着越来越重要的功能。与此同时，建立在知识论和政治论基础之上的现代大学，由于价值理性受到遮蔽，工具理性空前膨胀，以及大学精神的失落等问题，而导致大学教育并不能有效解决人们对人生意义的追问和精神的皈依问题。我们认为，要改变这个现状，只有切中大学精神的病理，寻找"对症下药"的改革策略。因为一流大学需要有一流的大学文化，而一流人才的培养也离不开大学精神的关照和滋养。

基于以上的观察和思考，加之我一直以来对高等教育史、大学精神史怀有浓厚的兴趣，身为大学中的一员，觉得有必要对大学精神育人的可行性命题展开深入的探究。我发现，在已有的研究中，一种理路是把大学精神等同于大学精神文化，从功能主义的角度对大学精神在文化的传承和创新、育人、引领、社会服务等方面的作用进行综合性研究；另一种则沿袭历史研究的脉络，从大学精神的历史、中外大学精神的比较中探寻现代大学精神的演进路径和发展规律。两种思路均没有触及我一直追问的两个问题：一是为什么要有大学精神？二是大学精神在育人过程中到底发挥了何种作用？故而，我敲定了大学精神育人研究的主题。

本书的研究思路和论文框架是以大学精神和育人的关系为逻辑起点，按照概念梳理、历史溯源、理论建构、规律探寻、实践路径和优化策略的研究思路逐步深入并依次展开对这一主题的研究。首先，通过梳理中西方大学精神的历史变迁，找寻中外大学精神发展的内在规律，进而证明大学精神对世界各国大学的发展起到了巨大的推动作用，其深度远甚于大学的外在形式和制度，对后世大学的发展和影响巨大；其次，通过奠定大学精神育人的理论基础，从文化人类学、教育社会学、教育学、哲学、马克思主义精神生产理论中寻求本研究的理论支撑，证成大学精神形成的原因和内在条件，本书重点论述并证成大学精神育人的价值。大学精神的价值不单体现在对德育价值内容的补充，而且体现在对德育功能的促进，还体现在对德育环境的净化和提升上，文中进而分析大学精神育人的机理，包括育人的特点、过程以及反映出的教育规律等。本书的结尾，也是本书的落脚点，通过深入分析大学精神育人面临的困境，尝试探索出一套改变大学育人现状的可行性方案、现实路径和优化的具体策略。

本书采用的主要研究方法是：文献研究法、比较法和系统建构法。

本书的理论预设是：大学精神是一种宝贵的育人资源，应加以深入挖掘并合理运用。

本书的主要论题紧扣大学精神育人主题和理论预设，主要涉及了六个主要论题：①何谓大学精神？②中国大学精神的源头在哪里？③大学精神与育人的关系如何？④在育人过程中体现了哪些价值？⑤大学精神育人的特点和规律有哪些？⑥我国大学精神的现状和德育的现状之间有什么关系？这六个主体之间环环相扣，最后聚焦大学精神何以重要和何以可能的问题。

本书拟解决的两个关键问题是：①大学精神是如何转化为大学人的共同理想和价值追求的？②大学精神是如何影响人，进而转化为人的实践品格的？这两个问题始终萦绕我的脑海中，并贯穿在我写作的全过程。

本书的主要框架分为五章，引言部分首先对大学精神主题的相关研究历史发展的特点进行了国外和国内的研究综述。对国外的研究综述主要是根据历史发展的特点撷取了三个国家：英国、德国、美国，它们分别代表不同历史时期的大学精神：英国大学代表了古典人文精神，德国大学代表了学术自由精神，美国大学代表了社会服务精神。这些大学精神极大地推动了大学的发展。大学精神的国内研究综述部分，则按照时间顺序分为四个阶段：20 世纪末属于大学精神研究的萌芽阶段；21 世纪的第一个 10 年属于研究的兴起阶段；2010 年左右掀起了大学精神研究的热潮，这一阶段的研究呈现出多学科参与、系统性建构的特点；2010 年我国政府提出建设世界一流大学以后，这一主题的研究则进入了多元化、应用性研究的阶段。

第一章首先对大学精神的内涵进行了阐释。从文化开始，通过与几个相近的概念——大学文化和大学理念的比较和辨析，阐释了大学精神的内涵和外延，并做了大学精神的概念界定。本书认为：大学精神是指在大学发展过程中由全体大学人共同创造的、凝聚并传承下来的文化底蕴和文化特质。它既反映了大学人的精神面貌和心理状态，又体现了大学自身发展的规律和时代的要求，体现了大学运行和大学实践的核心理念，折射出大学人所共同信仰的理想、信念和核心价值观，它既是传统文化精神的凝结，又是时代精神的风向标，对大学师生和社会民众能够产生巨大的影响。大学精神也是大学师生由内而发的一种精神面貌，是在一定的社会条件下自发地张扬或彰显出来的活力状态。大学精神只有发散为一种活力状态，才能与大学精神的内在品质互为表里，共同促进大学各项职能的协调发展，并真正成为大学及大学人宝贵的精神财富。

第一章的第二部分是大学精神生成的社会历史背景考察。该部分对西方的大学精神进行了历史溯源，本书认为，西方大学精神的历史脉络是依照从原型大学的人文精神，到近代大学的理性精神，再到现代大学的卓越精神的发展路径的一个连续统一体。而中国的大学精神吸收了我国古代的"大学之道"和西方大学的制度和精神，融合了"五四"时期的爱国主义精神、抗日战争时期的民族精神，以及改革开放以后的改革开放精神和民族复兴精神等。可以说，中国的大学精神之源，根植于中华民族肥沃的文化土壤中，在近代西学东渐的过程中破土而出，并在现代化的过程中与西方大学的本体精神碰撞竞争，最终竞合交融，生长成独具特色的中国大学精神谱系。

第二章是大学精神育人的理论基础。本研究撷取了多学科视野下的三种理论作为研究基础。①文化的理论。包括马林诺夫斯基的功能主义文化观点：文化是为了满足人类生存和发展的需要；帕森斯的结构功能主义观点：价值观能够主导社会变迁；布迪厄的后现代结构主义观点：文化资本是一种重要的社会再生产资本。②育人的理论。涂尔干的教育社会学认为，德育是社会化的一种重要手段；教育的本质是发展人的理性（涂尔干、赫钦斯）。③精神生产理论。马克思主义认为，精神生产的相对独立性是人的全面发展的需要使然。

第三章是大学精神育人的证成。首先，大学精神丰富了德育的内容体系。德育的目的之一是发展人的理性，现代公民应该重点培养理性精神；大学的人文精神作为现代德育建立的价值之维，为生活德育指明了方向；大学的自由精神体现了人的自由而全面的发展要求，从而促成德育到最高境界。

其次，大学精神能够涵养德育并优化它的功能：①大学精神促进了德育的文化功能。大学精神通过影响和构建良好的大学文化环境，来实现和促进德育的文化功能。②大学精神完善德育的个体功能。大学精神能够提升德育的精神境界，进而完善德育的生存、发展和享用功能。③大学精神增强了德育的教育功能。大学精神为德育提供了优质的教育资源，并营造出良好的教育氛围。

最后，大学精神能够提升育人环境的品质。本章节从微观、中观、宏观三个层次来探讨大学精神对育人环境的正面影响：①作为德育微观环境要素的大学精神；②作为德育深层影响因素的大学精神；③作为德育软约束力量的大学精神。

第四章是大学精神的育人机理。包括大学精神育人的特点、过程和规律。与其他德育过程的特点一样，大学精神育人具有正面性和复杂性等特点，同时，大学精神的育人过程还呈现出强烈的生活化和交互主体性的特征。大学精神育人的过程可以划分为从价值引领到自主建构再到品德生成，最后经反思确认成为受教育者本身的内在品质的过程，这四个环节之间密切联系、交叉渗透，在整个育人过程中综合发挥作用。大学精神育人的过程体现了以下规律：全面育人的规律、师生共同成长的规律、教育与自我教育相结合的规律、人的全面发展的规律。

第五章是大学精神育人的困境及对策。首先，大学精神的现状分析。本书通过对大学精神的现状梳理，辨析出大学精神的现实形态，即当前的大学精神集中表现为爱国主义精神、自由独立精神、求是精神和人文精神并存的一种精神状态，总体上还是积极向上的；与此同时，大学的泛行政化、泛市场化的现象，在一定程度上也弱化或消弭了大学精神，给大学精神的培育带来了一定的阻力。

其次，社会转型、现代化和全球化也给大学育人带来了相应的挑战。一是社会转型带来的价值观变迁，二是现代化带来的传统道德观念的瓦解，三是全球化带来的西方文化对本土文化的冲击。这些问题迫切地要求德育本身做好应对之策以进行现代化转型。

基于以上分析，本书提出了大学精神育人的优化策略和具体的方法和原则。通过优化学校资源配置，更好地培育大学精神；通过改进育人的方法和路径，如榜样示范法、情感陶冶法、内省法等，来提升育人的效果；通过完善现代大学制度，来实现育人的制度保障；最后提出要落实建立全员、全方位和全过程育人的工作机制，发挥全面育人的协同效益，切实保证大学精神育人的效果。

本书有几个创新之处：

1. 研究视角：采取多学科的视角，突破大学精神以往的文化研究范式，聚焦大学精神的育人价值和育人实践研究。

2. 研究思路：把大学精神的文化研究和德育研究结合起来，通过凸显大学精神的育人价值，探讨大学精神育人的可行性和优化路径。

3. 有一些较新颖的理论观点：大学精神是一种宝贵的、"软"性的德育资源；大学精神育人的过程就是主体精神生成的过程等。

本书的不足之处：①由于本人学识、学力的局限，本书的理论基础不够全面、某些观点不够严谨、论证不够严密。②某些研究还不够深入。如对大学精神的含义理解得不透，对大学精神育人的作用机制研究还不深。③现实性不够，现实感不强。还要补充反映当代大学精神的优秀人物、案例以及高校育人的有效做法、实例和经验。④学理性不够。叙述性内容较多，理论性内容不足。⑤问题意识要加强。后续修改还应以问题导向铺陈展开，层层推进，达成理论和观点的自圆其说。⑥时间仓促，某些引文和出处没有完善。

本书后续还需改进的地方很多，比如：

大学精神育人的国外研究综述部分有待加强。特别是国外的当代学者对大学精神的研究和大学精神与育人之间关系的研究进展，还有待整理和挖掘。

大学精神育人的理论渊源需要更为细致的梳理。大学精神育人研究是一个多学科、多视角的综合研究，但说到底是一种德育生态和德育环境的建构哲学。

大学精神育人的机理、规律、机制等还要深入研究。大学精神育人是个实践问题，如何发挥育人的功效，如何提升大学德育的品质，还要对其育人的特点和内在规律做进一步的探讨，这些都是对策研究的基础。

二、大学精神的研究综述

（一）国外的大学精神研究综述

1. 英国的古典大学精神

国外论述大学的名著浩如烟海，其中很多是对大学功用、大学理念、大学理想和大学精神的阐述见解和探索。限于篇幅，本书只能撷取 19 世纪后半叶以来的部分具有代表性的学术论著和学术观点。其中对后世影响最为深远的著作，当属英国红衣主教纽曼（John Henry Newman）的《大学的理念》。作为古典大学精神的拥趸，纽曼把理想的大学教育定义为"自由教育"（liberal education，或译为博雅教育）。自由教育起源于古希腊，是指针对城邦的自由人所实施的教育。由于自由人无需做体力劳动，他们在闲暇时的主要活动就是思考和论辩，因此自由教育旨在发展纯粹理性。纽曼的自由教育承继了这一理念，主张教育就是一种以研究高深学问、培养绅士为目的的教育。另一方面，纽曼的大学理念是建立在他的永恒主义知识观之上的，因为他反复强调"知识本身即为目的…（而且）当知识带有哲学的特性时，它就是格外自由或尤其自足的……"[1]。纽曼之所以提倡自由教育，一个很重要的原因乃是他所处19世纪的英国社会依然等级森严，人们的思想很大程度上受到等级、地位和身份的禁锢，他试图通过普遍的、永恒的知识教育来使个人获得理性的成长和自由。

在以纽曼为代表的教育哲学家的努力下，坚持学术自由、发展智识以培养绅士的大学理念在欧洲近代大学里迅速传播开来。为了更好地发展知识和追求真理，学术自由被确立为大学的第一精神要义。作为英国古典大学的典范，牛津大学和剑桥大学，更是因其坚持学术自由和思想独立而彪炳史册。这也可以解释，时至今日的英国大学为何始终坚持与社会保持一定距离，这种遗世独立的"象牙塔"气质和大学自治的传统，与纽曼的大学理念不无关联。

2. 德国的古典大学精神

认识论的高等教育哲学认为大学以满足"闲逸的好奇"为目的，大学的自由精神即源于此。但如果对知识的探究仅仅是为了满足人的好奇心，那么人类探索未知世界的步伐将无限缓慢。19世纪下半叶，在工业化发展和民族主义崛起的洪流中，教会与民族国家的世俗力量此消彼长，导致古典大学的合法性地位岌岌可危。在这种情势下，以认识论为基础的高等教育哲学逐步让位给了以政治论为基础的高等教育哲学。政治论的高等教育哲学主张大学的社会功用，强调大学要为社会和政府培养人才，要为国家的利益和社会的进步作出应有的贡献。德国教育改革家威廉·冯·洪堡（Wilhelm von Humboldt）就是这一思想流派的杰出代表。

在普鲁士政府的鼎力支持下，洪堡和费希特（Johann Gottlieb Fichte）改革创办了德国第一所现代意义上的大学——柏林大学，并明确了大学为国家和政府培养精英人才的大学理念。在《论学者的使命》一书中，费希特提出大学具有双重使命：一是科学研究，二是提高个性和道德的修养。柏林大学是世界上最早确立科研和教学并重原则的大学，就是受到费希特等人的大学

[1] John Henry Newman, *The Idea of a University*, New York: Doubleday Image, 1959.

理念启发所致。洪堡又进一步发展了费希特的大学理念，他提出大学在坚持人文精神、学术自由的基础上应实行大学自治，因为大学自治是保证学术自由的外部条件。换言之，学术自由的精神内在地要求大学要与社会保持一定的距离，不为政治、经济、社会利益所左右。洪堡和费希特等人奠定了德国大学乃至现代大学的精神基础。此后，强调科研和教学并重的德国大学异军突起，迅速成为 19 世纪中后期至 20 世纪早期世界学术的中心。

到了 20 世纪，德国的古典大学精神又有所发展，代表人物是德国存在主义教育家雅斯贝尔斯（Karl Theodor Jaspers）。他从存在主义哲学的视角审视了德国的大学教育理念，并提出了"整全教育"和自由教育结合的原则。他认为，大学教育的最终目的是获得一种"意义深远的自由"。为获得这种自由，大学师生应该自觉联合成"追求真理的生存共同体"，因为真理本身就是有机的、整全的知识集合，是一个比"智识"更宽广的范畴。大学教育不仅要把人培养成专家，更要把人塑造成为一个整全的人。雅斯贝尔斯的大学思想深刻影响了后世大学的发展。时至今日，"整合教育"的原则已被全世界全学段的学校普遍采用。而他提出的学习自由和教育自由的思想亦成为大学自由精神的最佳阐释。

3. 美国的大学精神

美国早期创办的大学沿袭了英国古典大学的传统。它们用了剑桥大学和牛津大学的"学院制"和"寄宿制"，以培养教士为主要目的。如当时的哈佛学院带有浓厚的宗教色彩，直到南北战争结束后才有所改观。而早期的哈佛、耶鲁、普林斯顿等学院的校长都是牧师出身。当然，大部分美国早期学院都以培养传教士或绅士为目的，少数也为新大陆提供殖民地的领导者和精英人才。随着美国经济社会的变迁及对美国大学提出了新的要求，欧洲的古典大学理念开始受到挑战，自然科学和实用学科慢慢进入到大学课程体系中，包括科学、工程学、军事、农业、法律和医学等。

以 1862 年联邦政府颁布《莫里尔法》为开端，美国的高等教育理念逐步嬗变，促使美国大学走上了公共高等教育之路。各州纷纷创建赠地学院，提出为国家培养掌握实用技能的工业和农业人才。在政府的扶持下，赠地学院逐渐摆脱了宗教势力对大学的控制。19 世纪中叶，美国各州相继对大学进行了大刀阔斧的改革，这与当时主张大学为国家服务的理念密不可分。弗朗西斯·韦兰（Francis Wayland）就是当时的代表。作为布朗大学的校长，他对美国学院无视工业社会发展需求的做法大加批判，并警告说，美国大学的传统做法将会导致大学在民主和资本主义的国度中丧失吸引力。[1]在他的倡导下，美国大学开拓了更多的与国民经济发展相关的实用课程，甚至有些大学进行了彻底的教学改革，提出要对大学彻底改革的激进主张。[2]

同一时期，主张"实用教育"理念的教育改革家还有时任哈佛大学校长埃利奥特（Charles William Eliot）、芝加哥大学校长哈珀（William Rainey Harper）、康奈尔大学校长怀特（Andrew White）和约翰·霍普斯金大学校长吉尔曼（Daniel Gilman）等。他们认为，美国大学应该在保留一些传统文理专业的基础上，提供大量的职业课程。这些理念反映出大学在这一时期日渐彰显的社会服务精神。直到 1904 年，威斯康星大学的范·海斯（Charles R. Vanhise）校长集各种改革思想于大成，正式提出"威斯康星思想"。他倡导美国大学在行使教学和科研两项职能之外还应该成为"社会服务站"。范·海斯认为，州立大学的教学、科研和服务应该考虑每个州的实际情况，而大学理应传授社会需要的知识，并为切实解决社会的实际事务作出贡献，这才是大学存在的合法性基础。范·海斯校长提倡师生深入农村、社区和工厂等，从而将教学、科研、服务三者有机地结合起来。在"威斯康星思想"的影响下，美国大学的社会服务精神逐渐传播开来。这也成为日后美国大学的独特之处。"威斯康星思想"极大促进了美国初级学院和专业学院的迅猛发展。

不过，在美国，对大学的实用主义倾向的批评之声一直存在。直到现在，很多美国大学仍在坚持欧洲古典大学的人文教育理念和大学自治的传统。20世纪 30 年代，美国普林斯顿大学校长弗莱克斯纳（Abraham Flexner）在其代表作《美国、英国、德国的大学》一书中就强调，真正的大学应该是一个有着统一而崇高的精神和目标的有机体。他反对将大学变成"公共服务机构"，坚持大学应成为高深学问的研究中心。大学虽然是历史的产物，会随着社会的变化而发展，但大学更应保持本色，与社会保持一定的距离并对社会持批判的态度。弗莱克斯纳的大学思想继承了英国和德国古典大学思想的传统，他竭力反对知识的专门化和教育的专业化，提出要在大学恢复通识教育和精

---

〔1〕 约翰·塞林：《美国高等教育史》，孙益等译，北京大学出版社 2014 年版，第 83~84 页。

〔2〕 Francis Wayland, "Report to the Brown Corporation" (1850), *American Higher Education : A Documentary History*, Chicago：University of Chicago Press, 1961, pp. 478~487.

英教育。弗莱克斯纳认为，大多数有益于人类的发现是从满足好奇心开始的，大学应该致力于增进人类福祉和培养好奇心，因为"它们因考虑立竿见影的应用而发生偏移越少，它们对人类福利和满足智力兴趣的贡献会越大"。[1]弗莱克斯纳的思想反映出美国经济和社会的快速发展与精神的衰退之间的矛盾，他对大学在现代社会中应该发挥的育人和科学研究等职能进行了深入的思考，进而对大学过于热衷于社会服务的倾向提出了警告和批评。

为了纠正"威斯康星思想"中过于专业化和实用主义的倾向，曾任美国芝加哥大学校长的赫钦斯（Robert Maynard Hutchins）在继承发展了永恒主义的大学教育思想的基础上，提出了通识教育的理念。赫钦斯的大学教育思想是建立在"人性是永恒的"这一永恒主义哲学思想基础之上的，大学的目的是通过通识教育培养"完人"。赫钦斯认为，大学教育应以培育人的理性、道德和精神为宗旨，因为人本身就是以理性、道德和精神为标志的目的性存在。因此，大学教育旨在"形成睿智，达于至善，成为完人"。大学的功用有两个：一是传递人类文明并成为促进受教育者理性、道德和精神成长的重要场所；二是作为人类探索世界和追求真理的中心所在。因此大学必须是社会思想的领袖和学术的中心，并在社会中发挥其独特的作用。同时，赫钦斯还在芝加哥大学推行了对世界影响深远的"芝加哥计划"——名著课程计划。芝大精选了一套贯穿古今、涵盖人文、历史、科学等学科的古典名著和相关的通识课程，作为给学生提供通识教育的载体。赫钦斯秉持大学是"学者的协会"和高深学问研究中心的理念，捍卫了大学的自由精神。在工业化的背景下，赫钦斯用实际行动反对大学教育的工具化倾向，并倡导人的价值与尊严，倡导大学教育应该以人的理性道德和精神成长为终极目的。

二战结束前夕，美国联邦政府适时颁布《退伍军人适应法》，促使美国大学入学的人数激增，这对美国的高等教育格局产生了巨大的影响，并加速了美国高等教育大众化的进程。从1944年至1946年，两年间就有约100万退伍军人涌入各大高校。[2]在这一形势下，美国的大学纷纷作出了应对——为了争取联邦政府的资助，他们扩大了校园的规模，扩充了师资，改良了大学课

---

〔1〕 转引自肖海涛："构建学人的乐园——弗莱克斯纳的大学理念考察"，载《有色金属高教研究》2000年第5期。

〔2〕 参见约翰·塞林：《美国高等教育史》，孙益等译，北京大学出版社2014年版，第247页。

程和专业体系等。在这一态势下，美国大学不单单是本科教育扩张了，包括博士和研究生学位项目的研究生教育也得到了快速发展，最终导致"多元巨型大学"（multiversity）形态的大学出现。以加州大学为例，到1965年该校就有包括伯克利、洛杉矶等在内的9个学位授予校区，每年的入学人数高达10万。

克尔在其著作《大学的功用》中详述了多元巨型大学的大学理念。针对高等教育大众化的趋势，他认为当代的大学理念和大学观急需革新，大学已非过去只有少数人才能享用的"象牙塔"，大学的大门已经向整个社会开放。他认为多元巨型大学不再仅仅是一个"学者的社群"，而是具有不同利益、价值观的不同群体的聚集，冲突和矛盾将是无法避免的。多元巨型大学是五光十色的，也是变幻不定的，较之传统的大学以育人和科研为主要职能，多元巨型大学的职能更为复合。克尔总结了现代大学的三类职能：生产性职能、消费性职能和公民职能。其中公民职能回答了大学培养什么人的问题。克尔认为大学要培养公民社会中的"有效公民"，即兼具学识、职业能力进而具备国际视野的人。当然，有效公民也必须是一个合格公民，他还应具备基本的道德伦理、审美观念、独立意识、自主意识、处事能力以及健康的心理、高尚的品格等。克尔也非常重视通识教育在本科生培养中的作用。他的大学理念对当代美国乃至世界的大学教育产生了深远的影响。

4. 国外大学精神述评

19世纪中叶以来，有关大学的研究随着现代大学的发展而兴起。特别是20世纪50年代以来，从政治、哲学、历史等多学科的视角研究大学的著述喷薄而出，这一现象与大学规模的扩张趋势以及大学在现代社会和民族国家扮演着越来越重要角色的趋势不谋而合。一般来说，对大学的研究因大学在发展过程中遭遇的现实问题而起，既有对大学理念、大学的历史、大学职能和大学内部机制的研究和梳理，又有对高等教育哲学、大学与社会各个子系统之间关系的探讨等，这些都极大地丰富了人们对大学的本质和发展规律的认识，并对大学本身的发展产生了积极的影响。本书之所以选取英国、德国、美国具有代表性和典型性的大学教育思想和观点，是由于这三国的大学分别代表了不同历史时期大学发展的典范。从文化的角度来看，每种大学精神或某个国家的大学精神都是特定国家和历史阶段的产物，对该国高等教育的发展都起到了指引、规范、评价和推动的作用。

　　根据美国学者约翰·S.布鲁贝克的分类，迄今为止的教育思想家可分为三个流派：理性主义流派、工具主义流派和存在主义流派。理性主义流派的代表人物有纽曼、赫钦斯、弗莱克斯纳等，他们的核心主张是，人的本性是不变的，知识和真理是永恒的，知识本身就是目的。大学应建立在认识论基础之上，因此教育应该着重培养和发展人的理性，着力构建一种普遍的抽象的思想体系，教育当中蕴含的真理是永恒不变的。理性主义推崇自由教育，后演化为通识教育，它们重视理性甚于德性。因为就美德包含有理智内容这一点而言，大学可以通过教育让学生明辨美德。但知识和美德不能等同，大学就其本质而言并不能为学习者提供更多的时间和机会去训练美德，自由教育中的道德教育应该留给"家庭、街道、市场、政治活动场所和教会去完成"[1]。理性主义大学思想对后世影响最大，他们主张大学以追求知识为己任，与社会保持一定的距离以保持其独立性，这种教育理念实质上就是一种精英教育理念。在高等教育现代化的浪潮中，大众化必然伴随着世俗化，因此理性主义所秉持的形而上学认识论和精英教育理念也必然遭到质疑和挑战。理性主义教育思想在赫钦斯等人的发展下，转向关注如何培养适应民主社会的公民，并对现代美国大学的"反智主义"和"工具主义"进行了严厉的批评，理性主义因而被赋予了新的时代内涵。

　　工具主义流派的代表人物有克拉克·克尔、阿什比（E. Ashby）、德雷克·博克（Derek Bok）以及奥尔特加·加塞特（José Ortega Y. Gasset）等人。与理性主义者不同的是，工具主义只把理性作为解决问题的手段，而且是一切问题的解决手段。他们认为大学不应以追求某种终极真理为目的，而是强调大学的社会责任。该流派的代表作有博克的《走出象牙塔》(*Beyond the Ivory Tower*)和克尔的《大学的功用》(*The Uses of the University*)。巧合的是两本书的副标题都是《现代大学的社会责任》(*Social Responsibilities of the Modern University*)。工具主义者大多数认为大学应建立在政治论基础上，主张真理和价值不是唯一的，而是多元的，所以大学对民主负有无法推脱的责任，只有主动回应社会问题和社会对大学的需求，主动为社会提供新思想、新方法和新文化，才能在现代社会取得一席之地。反之，大学就成为落后于时代的、反

---

　　〔1〕 John Edwin Smith, *Value Convictions and Higher Education*, New Haven, Edward W. Hazen Foundation, 1958.

生产力的代名词,"学术"(academic)就变成"贫血"(anemic)的同义语。[1]当精英教育和社会民主发生冲突时,大学应该作出明智的选择,顺应民主的要求而走向大众化教育。同时,在工具主义教育思想的推动下,世界范围内的高等教育大众化步伐加速,大学与社会和政府结成了紧密的合作关系。但是,工具主义所带来的问题也不可忽视,如知识的客观性问题、政府权力对大学的过度干涉问题和大学教育的功利化问题等。毕竟,追求真理和追求权力在大多数情况下是水火不容的。

存在主义流派的代表人物有德国的雅斯贝尔斯和艾肯(H. D. Aiken)、沃尔夫(R. P. Wolff)和贾斯帕斯(K. Jasper)等人。存在主义认为人的存在不等于理性,在理性之外还应该包含想象和直觉。而且人有能力过一种有意识的生活,教育的作用只是帮助学习者学习。[2]存在主义流派对认识论和政治论的大学哲学都进行了反思,认为大学教育既不应该让人套上理性的枷锁,也不应漠视非理性的价值和用其探讨真理的可能性。在存在主义者的理想大学里,师生是一个学术共同体,学生可以自由地决定学习的内容、方式和方法,大学的任务是培养学生的科学思维方式和自我负责的态度。存在主义教育哲学对纯理性的批判,对为了知识而学知识的批评,对当下的大学教育仍具有警示和启示作用。

（二）国内的大学精神研究综述

1. 20 世纪末——大学精神研究的萌芽

大学精神成为研究热点缘于北大百年校庆。时任国家领导人的江泽民在校庆上提出要集中各级力量办学,争取在未来建立若干所世界一流大学和国际知名高水平大学的设想,"985"工程就此开启。北京大学也以百年校庆为契机,反思本校的办学理念,总结办学的历史和经验,凝练出北大特色和北大精神,为创建世界一流的北大作出示范。从民国创办至今,百年北大的成就举世瞩目,甚至有研究者认为,"北大对中国精神传统的影响,高于任何一所大学对一个国家的影响:不论是哈佛、耶鲁之于美利坚,还是牛津、剑桥

---

[1] 参见[美]约翰·S. 布鲁贝克:《高等教育哲学》,王承绪等译,浙江教育出版社 2002 年版,第 21 页。

[2] 参见[美]约翰·S. 布鲁贝克:《高等教育哲学》,王承绪等译,浙江教育出版社 2002 年版,第 151~153 页。

之于大不列颠"〔1〕。其时，国内一批老牌名校大学的教育者和管理者，在改革开放 20 周年之际，纷纷效仿北大的做法，借校庆之余来梳理校史，凝聚发展共识，清晰办学定位，为下一步发展定位做准备。

这一时期的大学精神研究以大学史研究为依托，通过挖掘大学创建和发展过程中的逸闻趣事和人物风貌，意欲打造属于中国大学人共有的精神家园。这很快吸引了众多学者的积极参与，陈平原、杨东平、钱理群、陈思和、葛兆光等编著了《走进大学》系列书籍。这些著述大多从师生的回忆视角切入，以百年大学历史叙事为主线，以校园的逸闻趣事为主要内容，通过再现昔日大学校园的日常点滴和风貌回溯大学的人文史、精神史和办学史。这些著述平实感性，又真切感人，于平淡处见灼见，于幽微处见人物之精神。著述者意在挖掘出中国大学独有的精神风貌和文化特质，突出大学在中国现代化过程中扮演的重要角色，希冀通过对大学历史的重现和挖掘，找寻出中国学术发展的脉络。可以说，这类不太"学术"的研究开创了大学精神研究的先河，虽始于机缘巧合，但是又有其深刻的社会心理背景。正如陈平原所言："我对北大的关注，从最早的研究五四新文学，到后来的注重现代中国学术，再到逐渐逼近作为现代知识生产基地的大学制度，这一学思历程，使得我倾向于将北大置于教育史、文学史、思想史、学术史的脉络中来考察。"〔2〕

这一时期，研究者通过对百年大学精神的梳理，对中国近代以来的教育思潮、办学理念以及教育家思想的梳理，进而判断大学在中国现代化的进程中是否扮演了积极的角色。研究者们发现，在"救亡压倒启蒙"的历史背景下，中国大学的命运可谓"其道惟艰，其命维新"，但以"北大精神""西南联大精神"等为代表的中国大学精神，很快转化升华为一种道义担当、"舍我其谁"的爱国主义精神，它们并成为中国革命和民族复兴的巨大推动力量。大学师生在民族危亡时刻体现出高度的担当意识和民族责任感，不单单是北大清华这样的名校，更有私立大学甚至教会大学。从 20 世纪 20 年代至 40 年代的短短 20 多年内，中国大学以它们特有的精神力量，影响和培养出一大批现当代各个学科领域的社会中坚力量，成为我国大学发展史上的一道丰碑。究其原因，在于以北大、清华、南开为代表的民国大学所开创的爱国主义优

---

〔1〕 刘军宁主编：《大学之道：北京大学的传统》，天津人民出版社 2008 年版，第 5 页。
〔2〕 陈平原：《大学有精神（修订版）》，北京大学出版社 2016 年版，自序。

良传统。

对大学精神的研究离不开大学文化研究。"大学文化研究热"的出现还有一个重要的原因——在全球化浪潮席卷世界的背景下，民族文化的发展前景堪忧。对于如何应对这一趋势，费孝通先生曾在60年代提出"文化自觉"的观点，他倡导对本民族文化进行反思和对其他文化包容与理解，旨在恢复民族文化的自信。我国学界遂兴起了一股文化和文化精神研究的热潮。研究者们意识到，"重新审视大学之理念与精神，是一个具有几千年文明的现代国家面对历史和现实的双重自觉"[1]。另一些学者如阎光才从组织文化的视角研究大学和大学精神。他从组织文化的角度入手，结合现代大学面临的困境和价值危机的大背景，挖掘大学作为一个文化组织特有的的精神传统与特点，探析大学组织文化的现状、构成以及大学组织文化的演变、大学组织文化的模式等，他对大学传统精神与制度文化内涵做了深度剖析，对大学组织的合法性及其续存意义进行了专门的阐释。[2]董云川也从组织文化的角度研究大学精神的内涵，他认为大学精神是大学作为一种特殊的组织机构的"精""气""神"聚合体，是大学之所以为大学的标志物。大学因为有了大学精神才免于沦为"平庸的存在"，甚至成为社会良知的守护神。[3]研究大学文化的学者们认识到在大学文化的建设过程中，一定要坚持文化自觉性。

王冀生从社会学的角度研究了大学文化。他重点探讨"大学为何"和"大学何为"等根本性问题。他认为教育的本质是通过文化使个体社会化的过程，大学最基本的活动是培养社会所需要的高级专门人才。因此，大学精神应该在育人中发挥重要的作用，而大学精神作为一所大学文化的历史沉积，它主要是给大学和大学人提供了一种向心力和凝聚力。[4]

苏云峰、许美德、霍益萍、金以林等人则从发生学的视角对中国的大学精神展开了深入而系统的研究。在《从清华学堂到清华大学1911~1929：近代中国高等教育研究》和《从清华学堂到清华大学1928~1937：近代中国高等教育研究》两部著作中，苏云峰全面展示了清华大学办学过程中的经费使用、制度变迁、教育政策和师资情况等，以及学生文化方面的大量史料，较

---

〔1〕 刘琅、桂苓主编：《大学的精神》，中国友谊出版公司2004年版，前言，第1页。
〔2〕 参见阎光才："识读大学：组织文化的视角"，华东师范大学2001年博士学位论文。
〔3〕 参见董云川：《找回大学精神》，云南大学出版社2005年版。
〔4〕 参见王冀生：《现代大学文化学》，北京大学出版社2002年版。

为准确地还原了清华大学的历史样貌和办学历程。这为大学文化研究和大学精神研究开创了一种科学的经典历史研究范式。加拿大学者许美德则另辟蹊径，从文化史的角度展开了对中国大学文化和大学精神变迁的研究。在《中国大学1895~1995：一个文化冲突的世纪》一书中，她把中国大学的发展历程放置在现代化的背景之下，认为中国传统学术文化价值在西方和苏联的文化价值观冲击下经历了巨变，但是中国大学通过自我改造优化自己的传统基因，并在与外来文化的冲突和融合中实现了大学精神的本土化。许美德得出的结论是，中国大学虽然是帝国主义全面扩张和欧洲文化传播的结果，但仍然坚守了自己的学术传统，通过吐故纳新和兼收并蓄，最终确立了独具中国特色的现代大学文化。

2.21世纪头10年——大学精神研究的兴起

进入21世纪以后，中国高等教育开始从精英教育向大众教育转型。大学精神的研究发生转向，从单纯地对大学精神历史的追溯逐渐转为对中国大学精神现状的反思，从对历史的探究转向对现状的关切，反映了学者们对高等教育大众化（其时还有教育产业化的论调）所带来的教育质量下降和大学精神式微的担忧。在实践中，国内很多大学开始研究和借鉴欧美大学的理念和模式。"通识课程""人文教育""通才教育""博雅教育"等理念纷纷进入公众视野。

"创建世界一流大学"的"985工程"于1999年正式启动。关于世界一流大学的定义和标准、世界一流大学的建设路径等问题，教育界和学术界并没有统一的定义和结论。是以欧美大学的办学模式、发展路径和各项外部指标为导向，还是着重学习其发展理念和精神内涵？这是摆在大学管理者和研究者面前的一道难题。香港科技大学教授丁学良在他的《什么是世界一流大学？》一书中，通过对世界一流大学的核心制度、大学精神气质、大学与政府的关系等问题深入考察后发现，当今世界所有的一流大学具有普遍的精神特质，这种精神特质可以称之为大学理念（idea of university）。他极力推崇大学精神的"世界主义"或"普遍主义"。在丁学良等一批学者的带动下，中国学术界很快掀起了研究世界一流大学制度和大学精神的热潮。学者们把美国大学作为首选研究对象，从组织架构、制度变迁、学术文化到大学理念和大学精神，研究了美国大学的历史和现状，涌现了一大批科研成果。

同时，陈平原、甘阳、刘晓风、陈来等国内学者，对创建一流大学过程中一些高校轰轰烈烈的大学体制改革进行反思。他们认为"学术独立"和"文化自觉"是中国大学教育改革的题中应有之义。大学改革应该有利于民族文化的发展，立足于中国国情和我国大学的历史现状，并强调人文学科和人文精神在实现一流大学和培养一流人才过程中的重要性。不少学者力推通识教育来提升人的智识，夯实大学生的科学和人文素养。针对当时中国大学改革中"美国化"倾向和过度量化倾向，陈平原教授连发"大学三问"：人文有无用处？管理是否万能？榜样如何获得？矛头直指当时北京大学的改革。他尖锐指出："今天谈大学改革，缺的不是'国际视野'，而是对'传统中国'及'现代中国'的理解与尊重。"[1]一石激起千层浪，甘阳等学者对"大学三问"所指明的问题深有同感，纷纷撰文遥相呼应。甘阳也一针见血地指出：中国大学的使命是要坚持和加强中国人在思想、学术、文化和教育上的独立自主，而不是要成为西方大学的附庸藩属。[2]夏中义则从精神培育的角度提出大学教育必须要重视学生的人文教育，大学的重要任务在于帮助大学生"精神成人"，使其成为具有独立精神、自由思想和人文潜质、全方位的人。[3]这些观点都不同程度上遏制了中国大学改革的盲目抄袭西方的倾向。

2005年，国内知名的人文学者齐聚北京香山，召开了著名的"香山会议"。这是一场人文精神和通识教育理念的交流"盛宴"。来自知名大学的国内教授、学者在会议上对与通识教育有关的概念，通识教育的理念、内涵做了不同的阐述，对通识教育的历史变革做了梳理，以及对如何改造移植到中国大学等做了充分的研讨。学者们提出通识教育既是大学的一种理念，也是一种人才培养模式，通识教育和专业教育是包容和被包容的关系，是对专业教育的补充和改造。他们提倡在本科教育阶段借鉴美国大学的做法，推行经典阅读和小班讨论教学模式。此次会议在海内外引起了巨大的反响。以"香山会议"为契机，国内学者开始对通识教育开展了全方位的可行性研究。一些著名大学开启了如火如荼的通识教育改革实验。清华大学的"国学实验班"、北京大学的"元培计划"、复旦大学的"通识教育核心课程"和中山大学的"博雅精英教育方案"等均是这一理念的产物。这些实践也对大学教育

---

〔1〕 陈平原：《大学何为》，北京大学出版社2006年版。

〔2〕 参见甘阳：《将错就错》，生活·读书·新知三联书店2007年版。

〔3〕 参见夏中义：《大学人文读本》，广西师范大学出版社2002年版。

的现实困境做了很好的回应，同时也是通识教育本土化的有益探索，为通识教育的实践积累了很多宝贵的经验。但是时至今日，在实施通识教育的过程中，仍受到制度和理念上的掣肘。如北大的"元培计划"在推行的过程中遭遇了"双轨制"下通识教育和专业教育分而治之的困难。[1]如何解决通识课程与专业课程的衔接问题，以及如何解决通识课程的师资来源和培养问题，亟待在今后的大学通识教育实践中得出答案。

3. 2010 年左右——大学精神研究的热潮

中国改革开放 30 年后，各行各业急需法制化和制度化建设，大学也不例外。现代大学制度研究因时兴起，与大学制度互为表里的大学精神遂成了持续的研究热点。在要求"重新阅读西方"和重新理解中国的新语境下，学者们从哲学、政治学、知识社会学、管理学、教育学等多种角度，对大学文化的内涵以及大学精神缺失或失落的原因展开追问，试图重塑高等教育大众化背景下的中国大学精神。学者们以价值理性的缺失为逻辑起点，从重建大学精神到构建新的大学精神，再到怎样培育大学精神，确立了大学精神研究新的谱系。

从中国期刊全文数据库来看，2001 年至 2007 年间有关大学精神的学术论文数量并不多，但 2008 年以后，相关研究的论文数量激增并稳定在每年 100 篇以上。一些学者开始聚焦大学精神研究，如杨东平、王冀生、张应强、储朝晖、刘宝存、叶隽、董云川、韩延明、王坤庆、眭依凡等，其中既有大学的管理者、著名学者，也有硕士和博士研究生。杨东平认为，中国当代大学存在一些大学精神缺失的现象，大学文化的内涵虚脱，因此急需重建当代中国大学精神。当然，对于大学精神失落的原因，学者们的看法不尽相同。张应强认为，大学精神缺失的主要原因在于工具理性压制了价值理性，在大学中占统治地位的是工具主义理性观，而工具主义盛行正是导致大学精神退化和价值教育失位的罪魁祸首。中国大学应尽快恢复价值教育在大学中的地位，因为理想的大学要以提升人性、教化社会为目标，并自觉肩负着促进民族文化整合和文化转型的历史使命。[2]大学精神失落的根由在于，外部制度存在

---

〔1〕 参见陈向明等：《大学通识教育模式的探索——以北京大学元培计划为例》，教育科学出版社 2008 年版，前言。

〔2〕 参见张应强：《大学的文化精神与使命》，安徽教育出版社 2008 年版。

的弊端不足以为大学精神的守护提供现实可能性：大学人自身的精神放逐，从灵魂深处放弃了守护、彰显大学精神的使命。[1]常艳芳把矛头指向高等教育的大众化和产业化，认为现代大学教育因过度的组织化和制度化而遮蔽了人的价值和尊严，最终造成了大学精神的失落。[2]

这一时期，既有针对中国大学精神演进的历史研究，又有大学精神现代化和本土化的专题研究。储朝晖、高天明两位学者的研究非常具有代表性。储朝晖聚焦中国大学精神的百年发展和变迁，通过梳理中国大学精神从萌发、成型到发展，再到自成体系的历史脉络，描绘出中国大学多元的、复杂的历史轮廓，并认为大学精神在中国革命和建设过程中发挥了巨大的历史推动作用。他通过翔实的史料对我国大学精神的内涵、历史源流、中西文化冲突对大学精神的变迁等问题都做了深入细致的历史考察。储朝晖认为，在全球化的时代背景下，人们之所以高度关注大学精神，其实缘于人们对大学的文化认同产生了危机。他认为，大学文化绝不是空穴来风、凭空创造的虚无缥缈之物，近代中国大学精神的形成是无数志士仁人选择和参与创造的结果，大学的建设和发展绝不是简单的西方复制，制度、文化和精神的积累与自主建构过程。其中大学精神是在大学制度、管理模式之上起统摄作用的文化因素。[3]

高天明则认为，大学校长在大学精神培育中的作用尤为明显。蔡元培、梅贻琦等一代教育家是近代大学精神的"旗手"，他们与同时代的学术大师、志士仁人一起奠定了中国大学的学术性格，开创了中国一流大学的格局和气象，而且有些气质和精神延绵至今。优秀的大学精神正是北大、清华、浙大和西南联大等著名大学成功的重要因素。他通过历史考察后发现，在大学精神的建构过程中，大学应学会处理与政府的关系问题，以获得学术自由和社会服务之间的平衡点。即便在当前创建世界一流大学的过程中，中国大学仍然有必要继承和弘扬近代以来大学精神的优良传统，重视现代大学的精神建设。[4]

通过中国知网的搜索发现，从 2003 年到 2016 年，题名中包含"大学精

---

〔1〕 参见刘亚敏："大学精神探论"，华中科技大学 2004 年博士学位论文。

〔2〕 参见常艳芳："大学精神的人文视界"，东北师范大学 2004 年博士学位论文。

〔3〕 参见储朝晖：《中国近代大学精神史》，人民教育出版社 2013 年版。

〔4〕 参见高天明："近代中国大学精神研究"，浙江大学 2004 年博士后出站论文。

神"的硕博论文 102 篇，其中博士论文 8 篇；关键词中包含"大学精神"的硕博论文 85 篇，其中博士论文 7 篇；主题中包含"大学精神"的硕博论文 2596 篇，其中仅博士论文就有 102 篇。其中 2003 年至 2010 年间有代表性的博士论文有阎光才、刘宝存、常艳芳等人的。

华东师范大学阎光才的博士论文《识读大学：组织文化的视角》（2001），把大学视作一个独特的组织，具有特有的文化品性和精神特质，大学的组织文化特性恰恰是大学存在的理由。阎光才认为对大学精神的研究应该采用文化分析的框架，因为大学的本质属性是一种精神实体组织。他认为，后现代背景下大学的合法性危机和价值危机应从大学传统精神和制度文化内涵重新发现中去寻找解决方案。

北京师范大学刘宝存的博士论文《大学理念探论——人才培养的视角》（2002），通过分析西方大学理念的历史演进和中国大学理念的形成和发展，剖析新世纪的大学理念：大学是什么？大学的职能及人才培养在大学中的地位怎样？大学应该培养什么样的人才？大学应该如何培养理想的人才？通过回答这些问题，来澄清正确的大学理念，并论证先进的大学理念之于一流大学的意义。

东北师范大学常艳芳的博士论文《大学精神的人文视界》（2004）从人文主义的视角研究了大学精神的涵义、变迁、时代表征和当代价值，并认为大学精神的重建对大学的未来至关重要。湖南师范大学上官剑的博士论文《大学超越论》（2008）研究了大学如何在实现其基本的三项职能中超越工具理性，从而在超越与适应、超越与定位、超越与保守中守护大学的价值理性。辽宁大学白雪峰在《当代中国大学人文精神的培养》（2010）中指出，当代大学的人文精神受到了科学教育的遮蔽，人文精神的价值内涵亟待发掘，因为它在塑造人的品质、引领社会进步中发挥了重要的功能，当代大学精神建设的重点应该是人文精神的重塑。大连理工大学郭洪楠的硕士论文《大学精神的思想政治教育功能研究》（2014）梳理了大学精神的思想政治教育的内涵、内容、现状和优化途径，大学精神通过文化启蒙和文化传承把个人的自在自发生存状态提升到自由自觉的状态，从而推动整个社会精神状态的提升。

4. 2010 年以后——大学精神研究从理论走向实践

2010 年我国政府明确提出要以高等教育强国为建设目标，重点提高高等教育的质量，并提出到 2020 年左右要建成一批国际知名、有特色、高水平的高等学校，若干所达到或接近世界一流大学水平的大学，高等教育国际竞争力显著增强。[1]以此为契机，学者们从各个学科角度对大学精神的内涵、渊源和功能等进行了深入的探讨，研究范式也更为多元。随着研究的深入，人们普遍认识到大学精神和大学文化的重要性，它们是大学软实力的重要体现，如何培育大学文化、发挥大学精神的功能成为最重要的研究课题。研究的角度则从对大学文化、大学理念、大学精神形而上的探究，深入到对大学精神与大学教育关系以及大学精神与一流大学建设的关系探讨。在这一阶段，研究队伍的学科组成更为多元，既有高等教育学、思想政治教育学的学科研究，也有管理学、社会学、政治学科视野的研究，体现了大学精神研究中研究范式综合、学科交叉融合的倾向。

华东科技大学原校长李培根认为，大学应在育人、科研和社会服务中发挥更大的价值。教育的目的是人的现代化，所以应该从人的意义上去理解教育，真正做到"以学生为中心"。大学精神在本质上应该体现大学的使命和责任，培养人是大学的根本任务，科学研究的目的也是培养人，所以大学精神的内涵应该紧紧围绕人来展开。中国大学精神的内涵和价值应着重体现在对传统的坚守上，因为惟有坚守才能不被世俗文化所吞噬。但是大学精神的外延应该是开放的，更要与时俱进。[2]

这一阶段，思想政治教育理论界也掀起了大学精神研究的热潮。关于大学文化、大学精神与德育的关系研究，关于大学精神对育人的作用的研究等，成为思想政治教育学科的研究热点之一。学者们从不同角度分析了大学文化的内涵、外延和层次。张跃进认为，大学文化包括学术文化、政治文化和精神文化，大学文化是社会的亚文化，应该坚持社会主义文化的先进性，所以大学精神应该在本质上体现国家精神和意志。他是最早提出了大学精神现代化问题的学者之一，认为当下大学文化建设的重点是构建与时代发展相适应的大学精神。[3]邱柏生从大学文化与大学精神的关系入手，研究了大学文化与大学精神的区别与联系。他指出大学文化有良莠之分，但大学精神只有缺

---

〔1〕 参见"国家中长期教育改革和发展规划纲要（2010-2020）"，载 http://www.moe.edu.cn/srcsite/A01/s7048/201007/t20100729_171904.html，最后访问时间：2015 年 11 月 1 日。

〔2〕 参见李培根：《认识大学》，商务印书馆 2015 年版。

〔3〕 参见张跃进：《大学文化与大学精神建设》，中国社会出版社 2010 年版。

失或充沛之分，大学精神是大学文化中持久的主导意识和精神状况，反映了大学文化的本质属性。他还剖析了当前的大学中普遍存在的大学精神缺失现象，继而发问：大学的科研是为了科研本身，还是为了育人？为何教师与学生的交往发生了"异化"？如果大学精神的缺失，将带来师生交往的异化，这将使大学的教书育人功能大打折扣。[1]

学者们从现实出发，一致同意大学的政治功能。我国大学的使命是为社会主义事业培养合格人才和接班人，并为国家提供精神动力和智力支持，所以大学精神也应该体现国家育人的要求。但大学对国家的需要绝不能亦步亦趋。骆郁廷提出，大学本身也要超越社会的需要，超前于当下的社会意识，并能够对社会起到一定的引导作用。同时，大学精神对大学的作用主要体现为一种精神动力和隐形教育资源的作用，它对大学的校风、教风、学风的形成和发展起着决定性的作用，并通过校风、教风、学风的浸润渗入到大学人的具体言行上，潜移默化地改变大学师生的整体精神面貌，并润物无声地发挥着育人的功效。他认为大学精神研究的既是理论问题，又是实践问题，要充分发挥大学师生的积极性，通过显性和隐性的教育形式弘扬大学精神，是解决大学中大学精神匮乏的根本之道。[2]

同期，高等教育界和思想政治教育理论界以大学精神为主题举办了很多座谈会和研讨会，发表和出版了一批研究成果。2015 年 11 月，由教育部社科中心举办的"大学精神培育和大学文化建设理论研讨会"最有代表性。会上有专家提出，大学文化建设必须找到"灵魂"。"大学之魂"是中外知名大学最具魅力和传承价值的根本。大学文化建设的根本途径是把价值观教育"落细、落小、落实"，把社会主义核心价值观教育与师生日常生活紧密联系起来。与会专家认为，在大学文化的建设中，一要注重文化元素的应用，通过推广和宣传校歌、校史、校训、校徽，举行丰富多彩的活动仪式，将大学文化具象化、生活化和丰富化，使其能够更深刻地影响师生的思想观念和行为方式。二要突出中国特色，从中华优秀传统文化中汲取精神营养，丰富大学文化内涵。清华大学胡显章教授主张，应以哲学思想为指导来建设并弘扬大

---

〔1〕 参见邱柏生："浅议大学文化及大学精神的若干问题"，载《复旦教育论坛》2005 年第 3 期。

〔2〕 参见骆郁廷："注重大学精神文化的传承和创新"，载《中国高等教育》2012 年第 21 期。

学文化。他从认识论、政治哲学、生命论和文化论四个角度切入对大学文化的研究，分析了当代中国大学精神文化建设的理论依据、原则、宗旨、目标和方向等。他认为，中国大学要树立科学的办学理念，培育积极向上的大学精神，以实现大学文化的自觉、自信和自强为己任。与会者一致认为，大学文化体现了大学的学术传统和精神内涵，凝聚着大学的办学理念和办学特色，引领着大学的价值追求和行为导向。社会主义核心价值观理应成为大学精神培育和大学文化建设的核心向导。[1]

虽然大学内外部都兴起了一股"大学精神研讨热"，但不乏一些高校仅仅把大学精神作为对外宣传的口号或自我标榜的工具，"作秀"的意味很浓，"落实"的意愿不强，出现了流于表面、知行不一、"运动式"宣传、走过场学式等问题。而作为大学精神培育中最关键的人物——大学校长们，也对此有所感触和反省。2015年10月在天津大学主办的"中外校长圆桌会议"上，校长们围绕"大学的精神与使命"展开热烈的争鸣。原北京大学校长林建华认为，大学精神的培育需要把价值观教育和大学制度结合起来，创造一个真正利于学生成长的自由环境。但现在很多大学"事实上很多大学的确是在讲一套做一套，比如我们希望学生有很大创造性，但实际上却把学生管得很死、无法让学生自由地发挥潜力"，这是大学德育悖论所在。大连理工大学校长郭东明认为，大学精神意味着大学必须思考和解决两个问题：大学如何应对时代的变化？在时代担当中大学应该如何坚守自己的风骨？若无法解决好这两个根本问题，就不要奢谈大学精神及其培育。华北电力大学原校长刘吉臻坦言，大学自身应该时刻反思"办学行为与提倡的大学精神距离有多远"，必须正视和面对"理想与现实的脱节""传统与现代的冲突""良知与功利的矛盾"这三大矛盾，并在冲突发生之时做出正确的抉择。他提出"大学精神的坚守不是好高骛远，也不是自命不凡，更不要自我标榜。大学精神应由这所大学的每个人用行动来书写，由公众所认同"。大学精神的探讨绕不开对大学与社会关系问题的回答。华中科技大学原副校长陈建国表示"大学不能追着变化跑"；海南大学原校长李建保也主张"大学一定要有定力，以不变应万变"；厦门大学原校长朱崇实进一步主张"一流大学应当植根于社会，但又高

---

[1] 参见王非："'大学精神培育和大学文化建设'理论研讨会成功召开"，载《中国高校社会科学》2016年第1期。

于社会，要融入社会但更要引领社会"。刘吉臻针对时代对大学的要求，还提出了"大学职能应该回归到人才培养的本源，育人是社会赋予大学最根本的任务"的观点。这一观点得到了现场很多校长的共鸣。大家一致认为：一流大学培养的人才不仅仅要在科技上、经济上引领社会，更要在思想上、文化上、人文精神上引领社会。[1]

国内对大学精神的研究从起步至今 20 多年，经历了从混沌到清晰、从感性到理性、从单一视角向多维、从学理研究到实践研究的渐变过程。大学精神本身虽然是一种形而上的意识形态，但大学精神的研究从来不属于纯理论研究范畴，它涉及史学、哲学、教育学、社会学、政治学、管理学、文化学、伦理学等多个学科领域，这也是大学精神研究经久不衰的原因所在。

不过，我在综述的过程中发现，把大学精神作为一种优质的育人资源，聚焦大学精神的育人研究并不多，并且大学精神育人研究的系统性和理论性还有待提升，大学精神作为一种优质的德育资源还有待开发。如何从多学科的角度充分挖掘出中国大学的整体精神内涵，如何论证大学精神对大学育人的价值等，在当前"双一流"大学创建和多学科交叉融合的背景下，梳理大学精神的现代内涵，系统分析大学精神育人的过程和机制，都留待学界同仁进行后续的思考和研究。

三、研究思路、框架、方法和创新之处

（一）研究的基本思路、框架和论题

大学精神的影响广博而久远，它所涉及的学科理论丰富而庞杂。从国内外的研究来看，大学精神的研究随着大学功能的日渐丰富而受到越来越多人的重视。本研究将以大学精神育人为主线，梳理中西方大学精神的历史发展脉络，探寻中西方大学精神的源流和大学精神内涵的变迁，并在大学精神育人功能的理论基础上证成大学精神的育人价值，进而分析大学精神育人的过程和规律，最后结合大学精神和德育的现状和转型的背景来探讨大学精神育人的优化策略。本研究将以文化人类学、社会学、教育学、马克思主义精神生产理论为理论依据，以定性分析为方法，系统论证大学精神的育人价值、

---

〔1〕 参见"大学的精神与使命（观点摘编）"，载《中国高教研究》2016 年第 1 期。

育人路径、育人过程、育人模式和育人方法，以及在现实条件下育人的优化策略等。本研究将以此作为研究框架，分成五章进行分析和阐述。主要的研究论题如下：

1. 何谓大学精神？通过对大学精神生成的社会历史背景，来分析大学精神的内涵和外延，界定大学精神的概念。

2. 中西方大学精神的源头在哪里？他们在特定的历史阶段对社会和大学本身的历史进程产生了哪些正面影响？发挥这些影响的机制是什么？通过这些问题的展开，来论证大学精神是大学发展的内在动力，大学精神决定了大学发展的方向和层次。大学精神的形成体现了不同文化交锋、竞合、筛选和融合的过程。中国大学精神的生成和发展，是中国传统文化精神和西方学术精神、自由精神在冲突中融合的结果，是西方大学精神中国化和现代化的产物，也体现了中华民族复兴的要求和国家意志。

3. 大学精神育人的理论渊源有哪些？作为大学精神育人系统研究的一次尝试，本书将从马克思主义经典理论、文化人类学、社会学、教育学、德育哲学中寻找大学精神育人的理论依据。

4. 大学精神的育人价值何在？大学精神与德育的关系如何？它们在哪些方面是契合的，在哪些方面又是矛盾的？通过论证大学精神在内涵上丰富德育的内容，在方法上补充德育的功能，在形式上优化德育的资源环境，来证成大学精神的育人价值。

5. 大学精神育人的特点有哪些？在展开育人的活动中要经过哪些环节？有什么支撑要素？作为一种新的育人模式又有哪些规律可循？从实践的角度出发，探究大学精神育人的过程和方法。这些问题都是本研究的关键内容。

6. 我国大学精神的现状如何？失落的是哪些？需要回归或重塑的是哪些？失落的原因是什么？大学精神的失落和重塑是构成大学精神育人的背景之一。

7. 我国大学德育的现状如何？德育在转型过程中面临着怎样的困境和挑战？为了让大学精神成为一种真正优质的德育资源，需要从理念、制度、载体、队伍建设等多方面出发，制订一个全面的优化策略。本研究将通过梳理德育转型的背景，结合大学精神育人的规律探讨优化育人的过程、路径和机制，以期达到良好的育人效果。

对以上这些论题的回答构成了本研究的基本思路和内容框架。全书除导论和结语外，共分五章：

引言：主要内容包括问题的缘起、研究意义、研究现状和述评、研究思路、框架、方法，以及本研究的主题、章节的安排和创新之处等。

第一章：大学精神生成的社会历史背景考察，包括大学精神的定义和中西方大学精神溯源两个部分。一是从词源学出发考察大学精神内涵和外延变迁的历史，并通过比较大学精神与大学文化、大学理念和大学理想的区别来阐述其内涵，本书对大学精神的定义是：大学精神是指在大学发展过程中，由全体大学人共同创造、凝聚并传承的大学文化底蕴和文化特质。它反映出大学自身发展的规律和时代的要求，体现了大学运行和大学实践的规律，折射出大学人共同信仰的理想、信念和核心价值观。二是考察西方大学精神的源流和历史流变。三是对中国大学精神的考察。分为四个阶段来梳理中国大学精神从古至今，从萌芽、发展再到成熟的过程，论证中国大学精神的源头根植在中华民族肥沃的文化土壤中，并在近现代中国的社会和政治环境中破土而出，在民族文化向现代转型的过程中与西方大学的本体精神碰撞竞争，最终竞合交融，生长为独具特色的中国大学精神体系。

第二章：大学精神育人的理论基础。大学精神的功能是建立在功能主义文化人类学、结构主义社会学、后现代社会学、教育社会学、教育哲学和马克思主义精神生产的理论基础之上的。通过梳理不同学科理论中关于精神育人的理论观点，为本研究打下坚实的理论基础。

第三章：大学精神育人价值的证成。通过分析大学精神中的理性精神、人文精神和自由精神之价值内涵，提出大学精神可以在内容上丰富德育的价值体系，在功能上完善德育的功能体系。大学精神作为一种微观的德育环境资源，作为一种深层次的德育影响源和"软"约束力量，能够深刻地影响德育育人的过程，从而促进德育功能的发挥，提高德育育人的品质和效果。

第四章：大学精神育人的机制研究。本章也是大学精神育人模式的可行性分析。本章通过分析大学精神育人的机制，阐释其从客体精神转化到主体精神的过程，其过程充分地体现了德育的正面性、复杂性、交互性等特点，并能有效发挥德育的全面育人规律、师生共同成长的规律、教育与自我教育结合的规律以及人的全面发展的规律。

第五章：在社会急遽变革的背景下，当代大学精神陷入了"失落"的困境，而德育也面临着社会转型、现代化和全球化带来的挑战，亟待适应和转变。基于这样的背景来分析大学精神育人的优化策略，本章重点探讨如何通过优化学校资源、环境、方法、路径、制度和队伍建设等来增强大学精神育人的效果，从而在育人实践中提升人的理性、德性和审美素质，促进人的思维、情感、道德和行为方式的现代化，促成适应社会发展和符合人性的现代人格的产生。

（二）研究方法

本研究采用的主要研究方法如下：

1. 文献法。研究方法的选择是问题本身决定的。本研究涉及高等教育史、教育哲学、文化人类学、组织文化学和社会学等多个学科领域，通过对文献的整理，才能挖掘出重要的理论和观点。因此，本研究把文献法作为最重要的研究方法。在选择大学精神育人的理论文献时，本研究遵循全面、聚焦和精要的原则，对丰富、艰深而庞大的理论文献进行系统梳理，合理撷取，深入分析，并紧扣"文化育人"和"精神生产"两个主题进行概括和述评。

2. 比较法。首先，对中西方的大学精神内涵、特征、变迁的动因做了全面的梳理和比较。其次，对影响世界大学发展趋势的大学理念、教育思想、文化精神等做了较为细致的比较。再次，对不同历史的同一国别的大学精神内涵做了全面的比较。最后，对同一时期不同学者的观点，也要从不同角度出发，细致区分它们的思想来源，比较它们产生的影响和后果。

3. 系统建构法。这是贯穿本研究始终的基本研究方法。把大学精神育人的模式看作一个完整的系统，首先考察中西方大学精神的源流和发展规律，探析它的内涵和外延，然后分析它与德育的关系并证成其育人的价值，进而通过分析大学精神育人的过程、环节、影响要素、特点和规律等，来建构一种可行的育人模式，最后，在当前社会转型的大背景下，探讨如何通过优化策略来提升大学精神育人的整体效果。

（三）创新之处与不足

本书的创新之处主要体现在研究视角、研究思路和理论观点三个方面。

首先，研究视角的创新。将大学精神的研究与德育研究结合起来，并把大学精神育人的问题研究置于德育转型和当前德育实效性普遍弱效的背景之下。以往的大学精神研究大多聚焦在大学文化建设中如何发挥作用，通过凸显大学精神对文化的统摄作用来研究如何重塑当代的大学精神，或者把大学精神当作一种文化的"软实力"，在世界一流大学的创建中围绕大学精神发挥何种作用以及作用的机制如何等问题展开研究。本书则运用多学科的视角，着眼于如何挖掘大学精神的育人价值，并把它作为一种独特且珍贵的德育资源加以发挥和利用，旨在建构一种更有实效性的育人模式和理路。从文献查阅的情况来看，这方面的研究还处于零散阶段，尚没有较为系统的研究成果出现。

其次，研究思路的创新。文化育人研究的一般思路是，从育人活动的规律出发，分析文化在育人中的作用，着重探讨文化育人的原则、内容、载体、机制和目标等，旨在提升育人活动的文化内涵，提高德育育人的实际效果。本书的不同之处在于，首先分析大学精神的内涵和外延，并结合中西方大学史上不同时期的大学精神所发挥的巨大推动作用来论证大学精神之于大学的核心作用，进而证成它在育人活动中的价值和影响，提出大学精神育人模式的可行性研究方案。在研究理路上，更加突出大学精神的实践价值研究，特别是针对当前大学德育面临的全球化带来的多元文化冲击以及现代化带来的德育转型等问题，在德育资源的开发和德育模式创新上亟需新元素、新方法的加入，更为需要贴合现实问题的实践研究。

最后，理论观点的创新。对大学精神的价值研究有很多，但对大学精神的判断大多停留在精神文化的层面上。本书的论点立足在大学精神和育人的关系上，较为新颖的理论观点有以下三个：①大学精神对现代德育而言是一种宝贵的德育资源，因它在价值上对德育的价值体系是一种补充和完善，在功能上可以完善、促进和超越德育的社会、个体和教育功能，所以应该对大学精神资源加以挖掘和开发。②大学精神作为一种微观的德育环境因素可以对人产生一种软约束力，通过规定与指引、熏染与陶冶、制衡与净化的作用机制发挥深层次德育影响。③大学精神育人是一个主体精神生成的过程，它强调教育者和受教育者在同一过程中的精神交往和相互作用，所以呈现出明显的交互性和主体间性的特征。这是大学精神育人模式最大的特点，也是它的优势所在。

大学精神生成的社会历史背景考察

第一节 大学精神的含义

一、文化、大学文化、大学理念的概念辨析

这三个概念组内涵相近，在使用时极易被人们混淆。由于缺乏统一的定义，人们在使用时经常随意替换。由于这几个概念从不同的角度和方面揭示了大学的本质和特征，本书认为有必要对它们加以鉴别，厘清它们的内涵和外延，并区分它们在大学发展过程中的不同作用。

1. 文化

要透彻理解大学文化，我们首先要理解什么是文化。文化是一个内涵丰富又复杂的概念，各国的文化千差万别，对文化的定义也千差万别。

从词源学的角度来考察文化，文化的英文是 culture，它的词源是拉丁文的 colo，colere，colui，cultum 等词，与英语中的 cultivating 或 tilling "耕耘、种植和照料"的意思相近。随后，culture 慢慢衍生出 "关照事物的方式"的含义。今天，"文化"的含义已经演变成 "人类创造的全部精神产品和精神活动"，所有人类创造的器具、生产的产品、产生的观念、创造的符号、知识或精神产品等，都可以称之为文化。所以，一般意义上的 "文化"一词与文明基本同义。广义的文化分为物质文化和观念文化。

在我国《辞海》（1989 年版）中，最广义的文化是指 "人类的物质财富和精神财富总和"，这一定义折射出近代人类学家对文化的理解。如英国人类学家泰勒（Edward Burnett Tylor，1871）在其著作《原始文化》中，就曾把文

化定义为"包括知识、信仰、艺术、法律、道德、风俗和其他一切作为社会成员的人所学到的能力和习惯的复合整体"〔1〕。而英国人类学家马林诺夫斯基（Malinowski）从文化功能的角度，将文化定义为"满足人类生理需要和社会需要的生活方式"。

文化的广涵性使文化研究进入到不同的学科视野中，因为对文化的研究能够帮助我们更好地理解文本、历史以及各种社会现象。当然，不同学科从不同的角度定义和理解文化。社会学家普遍关注文化。博厄斯（Boas，1930）认为，文化"包含着一个社群里社会习惯的一切表现形式，个人对于他所在的群体习惯之影响产生的种种反应，以及受这些习惯所决定的人类活动之产品"〔2〕。另一位社会学家林顿（Linton，1936）认为，文化是观念、情绪和行为反应的总和。克拉克洪（Clyde Kluckhohn，1942）则提出，文化是由组成各种行动的要素组成的，但是所有的要素都可以从社会找到根源。文化与生活方式有关，社会学家维斯勒（Wissler，1929）认为文化是一套标准化的社会程序。心理学家对文化也作出了各种定义。如班纳特和杜明（Bennett and Tumin，1949）认为文化是一切群体的行为模式。还有一位教育家阿诺德（Matthew Arnold，1869）认为，文化就是"求知的完美，是怎样来获知世界上同我们有关的最好的思想"。〔3〕

概而言之，文化是人类独有的、经过劳动和社会实践创造的物质产品和精神产品的总和，是人类理解、接纳世界和对外界产生反应的方式。文化作为一种历史现象，伴随着人类探索和改造自然的进程而不断丰富和完善。文化反映出社会的政治和经济状况，因此文化水平的高低是衡量一个社会文明程度的标志。

关于文化的外延，被广泛认可的一种解释是美国社会学家霍尔（John R. Hall，1993）的观点，他认为文化包括三类：思想知识和处事规则；人工制造的工具；社会行动所产生的产品。这一分类衍生出文化的三种类型：观念文化（精神文化）、物质文化（器物文化）和制度文化。狭义的文化通常把它局限在意识的领域，特指人类社会的观念系统。例如，社会学家塔尔科

---

〔1〕 ［美］威廉·A. 哈维兰等：《文化人类学——人类的挑战》，陈相超等译，机械工业出版社2014年版。
〔2〕 转引自严峰："中国大学文化研究"，复旦大学2005年博士学位论文。
〔3〕 侯长林："文化笔记一则"，载《铜仁地委党校学报》2005年第1期。

特·帕森斯（Talcott Parsons，1937）认为文化是引导社会个体行动的价值和规范，文化是一个使社会行动者可以交流的符号系统。帕森斯通过文化的定义间接回答了社会秩序何以可能实现的问题。

我国学者陆扬曾把文化区分为九个大类，包括哲学、心理学、人类学、社会学、生态学等。陆扬认为文化的这九种基本概念实际上也是对西方文化发展历史的一个概括。[1]由此看来，任何希冀通过简短的语言来描述或定义文化的行为都只能是"横看成岭侧成峰"，文化毋宁说是一个"丛结"，不如说是一段文化的发展历史的体现。

2. 大学文化

大学文化是大学出现以后的一种历史现象，大学本身就是传承和创造文化的重要机构，因此文化的属性才是大学的本质属性。广义的大学文化是指一所大学在历史发展过程中由师生共同创造的财富总和，包括物质的和文化的财富。大学文化也可泛指大学内部的一切活动及活动方式。大学文化也有着丰富的内涵。"大学文化则是一所大学的历史积淀，是由师生长期创造而形成的产物，包括传统习惯、生活方式、文学艺术、行为规范、思维方式、价值观念等"[2]，也是大学这种社会组织对大众社会的综合影响，有先进和落后之分[3]。其实，大学文化是由大学人所创造的、能够体现大学根本精神的文化。[4]狭义的大学文化，一般仅指观念形态的精神文化，它集中体现了一所大学的办学理念、办学理想和办学风格。大学的精神文化包括大学精神和大学理念[5]。也有人认为狭义的大学文化等于大学精神。

从外延来看，一般认为大学文化包括大学的物质文化、制度文化和精神文化。有人进一步将大学文化划分为器物文化、环境文化、制度文化和精神文化。根据涉及的对象来分，还可划分为名师文化、管理文化、学生文化和师生交往文化。根据文化的来源，英国学者罗纳德·巴尼特（Ronald Barnett）曾把对大学产生影响的文化称为大学的外部文化，而将大学内部生发的文化

〔1〕参见陆扬：《大众文化理论》，复旦大学出版社2008年版。
〔2〕李培根："论大学精神与文化"，载《国家教育行政学院学报》2015年第1期。
〔3〕参见邱柏生："浅议大学文化及大学精神的若干问题"，载《复旦教育论坛》2005年第3期。
〔4〕参见程光泉："哲学视野下的大学理念、大学精神、大学文化"，载《北京师范大学学报（社会科学版）》2010年第1期。
〔5〕参见储朝晖：《中国大学精神的历史与省思》，山西教育出版社2010年版，第11页。

称为大学内部文化。大学内部和外部文化共同构成了高等教育的文化。[1]

本书认为，大学文化是个性化和多样性的集合体。一所大学的文化总是区别于另一所大学文化，如北大文化与清华文化就有显著的区别。一国的大学文化也必然不同于另一个国家的大学文化。大学文化的载体是大学，主体是大学师生，因此具有鲜明的个性特点。大学文化浓缩了人类文化的精华，体现了人类文化的创新和发展，因此大学文化是文化历史某一阶段发展的产物，同时大学文化也是多种文化的复合体，是历史的产物。正如诞生在12世纪的欧洲中古大学，无论是当时大学的教育思想，还是结构和功能，或者组织形态等在历史的流变中都发生了巨变，大学的文化经历了近代化到现代化的转变，也引起了大学精神的蜕变。但无可否认，这些流变都与社会的需求、时代的召唤和人的发展需要息息相关。

3. 大学理念

大学理念（the idea of university）也被称为高等教育理念，简而言之，大学理念就是大学的办学理念，包含着人们对大学应然状态的追求。所谓理念，即理性认识，是"一个精神、意识层面的上位性、综合性结构的哲学概念，是人们经过长期的理性思考及实践所形成的思想观念、精神向往、理想追求和哲学信仰的抽象概括"[2]。有人认为大学理念是"大学发展远景与方向的指导原则，或者说大学的最高领导原则"[3]。在所有的定义中，对理念一词都指向其哲学内涵。所以康德认为理念是"超验的概念"，是"思想的全体"，因此理念就是真理。本书认为，大学理念就是用理性来理解大学的一种知识观念体系，是人们对大学的办学思想、办学价值观和办学规律的理论性、系统性的表达。

既然大学理念是对大学理想、目标、宗旨、精神等的理性表达，本书认为大学理念至少包含以下三重意蕴：大学应该是什么？大学应该做什么？大学能做什么？而且因为大学理念具有时代性和地域性，它能够清晰地反映出不同时代以及国家和社会对大学教育提出的要求。人们在表述时会使用诸如"古典时期的大学理念"、"纽曼的大学理念"或"美国的大学理念"等加以

---

〔1〕 参见［英］罗纳德·巴尼特：《高等教育理念》，蓝劲松主译，北京大学出版社2012年版。

〔2〕 潘懋元主编：《多学科观点的高等教育研究》，上海教育出版社2001年版，第59页。

〔3〕 蓝劲松、高顺："论研究型大学的办学理念及其操作"，载《清华大学教育研究》2003年第5期。

区别。当然，因为人的理性认识具有历史局限性，大学理念的发展同样具有历史局限性。某种大学理念可能只是反映历史的某一阶段的人们对"大学理应如何"的看法。

目前，人们对大学理念的定义仍没有统一。从哲学的角度理解，有人认为"大学理念是指人们对大学的理性认识、理想追求及其所形成的教育思想观念和教育哲学观点"。[1]就大学理念的内涵而言，大学理念是指人们在对教育规律认识的基础上所形成的关于大学的性质、职能、使命、目的以及大学与社会的关系等一系列的、有关大学的根本性问题的理性认识。[2]本书认为，大学理念的作用在于其导向性和规定性，所谓"教育改革，理念先行"，明晰一所大学的大学理念的意义在于它作为理论可以指导实践。大学理念指明了大学现在及今后一段时间如何办学的方向和目标，它甚至规定了大学办学的组织运行规则，是大学制度和大学精神的思想基础。同时，科学的大学理念对大学师生的成长具有正向激励的作用。金耀基认为："大学是一个栽培普遍性的理念与理想，如平等、公正、和平的地方，这些理念与理想对于纯洁而有朝气的大学生具有启发与挑激的作用。"[3]大学理念反映了大学的根本属性，它从形而上学的层面对大学作出了相应的价值规定。

大学理念与大学文化、大学精神有何联系与区别？概而言之，大学理念是大学文化的理性内容或理性表达。但相比大学文化的个性纷呈，大学理念更为抽象，凸显的是大学之间的共性，因此在一定历史时期，某些国家或区域的大学理念具有相似或相通之处。大学精神源于大学理念，而大学理念是大学精神的现实表现。大学理念和大学精神虽然同属于理性认识的范畴，但两者的区别也很显著。主要表现在：首先，大学理念产生的影响相比后者要短暂得多；而相比前者，大学精神是经过长时间的历史积淀后的较为稳定的、且能产生长久影响和效果的观念体系。其次，大学理念更为具体而生动，并随着人们对大学的基本看法和要求的改变而动态地发展，体现出强烈的时代特征。大学精神是前者的高度抽象化，是大学理念在升华后的表现形式，它表现的内容更为概括，影响的时间和空间更为深远。如果说大学理念属于黑

---

〔1〕　韩延明等著：《改革视野中的大学教育》，中国海洋大学出版社 2006 年版。
〔2〕　参见刘宝存："何谓大学精神"，载《高教探索》2001 年第 3 期。
〔3〕　金耀基：《大学之理念》，生活·读书·新知三联书店 2001 年版，第 12 页。

格尔的意识和意识形态的范畴，那么大学精神已经上升至主观精神和客观精神的范畴了。总之，大学精神更具有普遍性，也更值得人们深入地凝练总结和研究。最后，大学理念有错误和正确之分，大学精神只有积极和消极之分，错误的大学理念既不能体现符合时代要求和积极的大学精神，又会阻滞大学和大学文化的发展。反之，正确的大学理念必然蕴含了积极的大学精神，从而推动大学和大学文化的繁荣和发展。

二、大学精神的内涵

大学的历史同时也是大学精神的孕育和发展史。大学脱胎于欧洲 12 世纪松散的学者行会组织（当时称为公会 universitas 或行会 guild），起初它只是一些被教会认可的知识团体，慢慢发展为师生联合的"学习研习所"（studiums）及后来的"高等学科研习所"（studium generale）。大约在 13 世纪初，欧洲出现了最早的两所原型大学——意大利的博洛尼亚大学和法国的巴黎大学。原型大学开创了大学绵延千年的历史，对后世的大学组织形态和精神气质都产生了巨大的影响。历史学家拉斯达尔曾这样评价大学："中世纪遗赠给我们的各种组织制度，要比其留下的气势恢宏的大教堂还要更加珍贵和不朽；而大学……毫无疑问正是中世纪最独特的组织建制之一。"[1]

大学的生命力在于，大学总是能够适应社会的需要而作出回应和调整。大学具有生命力最根本的原因在于，大学回应了人类的某种深刻的需求——对知识的渴望和对真理的永恒追求，一所具有大学精神的大学才是真正意义上的大学。梅贻琦先生强调的大师精神就印证了这一点——"所谓大学者，非谓有大楼之谓也，有大师之谓也。"[2]卓越精神也是大学精神的体现，前哈佛学院院长哈瑞·刘易斯则强调说："忘记教育宗旨的大学，就会让大学成为'失去灵魂的卓越'。"德国教育家雅斯贝尔斯干脆把大学生活定义为"永无止境的精神追求"[3]。以上观点的阐述，集中表现了大学组织生命的源泉和不断走向新生的秘密——大学精神。

---

〔1〕［英］海斯汀·拉斯达尔：《中世纪的欧洲大学——大学的起源》（第 1 卷），崔延强，邓磊译，重庆大学出版社 2011 年版，第 2 页。

〔2〕梅贻琦："就职演说"，载《国立清华大学校刊》第 341 号，1931 年 12 月 4 号。

〔3〕［德］雅斯贝尔斯：《什么是教育》，邹进译，生活·读书·新知三联书店 1991 年版，第 140 页。

1. 大学精神的定义

大学之为大学，并从根本上区别于其他的社会组织，就在于它的大学精神。大学精神究竟为何物？要对它作出一个确切的定义并不简单。因为大学精神的定义既要能囊括大学的过去和现在，又能指向大学的未来；它既能解释"大学是什么"，又能解释"大学应当如何"。更何况，"大学是遗传和环境的产物"（Ashby），所以大学精神是一个在不同历史时期、不同国家或民族文化中不断变化和逐渐丰富的概念，这正是大学精神研究的复杂之处。

对大学精神的定义很多，要对大学精神作出正确的解释，我认为首先应该梳理精神的词源学分析。

《辞海》（2009年版）对"精神"的解释多达十几个，归纳起来有以下四重含义：一是指人的意识、思维活动和一般心理状态，与"物质"一词相对；二是指宗旨、主要的意义；三是指灵魂、精力、元气或活力；四是指意志。四种含义均比较常见于各种文本和典籍中。古代汉语中的"精神"，最早指的是灵气、灵魂或元气，后来逐渐又有了"活力"的意思。在《淮南子·卷七·精神训》中，对精神的描述如是："古未有天地之时，惟像无形，窈窈冥冥，芒芠漠闵，澒濛鸿洞，莫知其门。有二神混生，经天营地，孔乎莫知其所终极，滔乎莫知其所止息，于是乃别为阴阳，离为八极，刚柔相成，万物乃形，烦气为虫，精气为人。是故精神，天之有也；而骨骸者，地之有也。精神入其门而骨骸反其根，我尚何存？"这段话中，"精神"可理解为天的灵气，是万物生长的动力和源泉。在《礼记·聘义》中也有"气如白虹，天也；精神见于山川，地也"的词句，也是天地之灵气的意思。而《汉书·卷五十一·邹阳传》中，"虽竭精神，欲开忠于当世之君"，可以看出精神一词的内涵扩展为"活力或生命力"。到了近代西学东渐以后，"精神"一词的语义更加丰富。在现代汉语中"精神"通常指"思想或主义"，如"科学精神和民主精神""革命精神""航天精神"；也有作"意志"解的，如"不屈不挠的精神""顽强拼搏的精神""精益求精的精神"等。

为完整考察"精神"一词的内涵，我们还需与它在英语和德语中的词源和词义作出比较。英语中对应"精神"的词至少有以下5个：spirit、mind、vigour、essence、gist，其中spirit的含义与本书"精神"的内涵最为贴近，因此在翻译中使用最多。本书也将采用university spirit作为大学精神的英语对应词。在德语中，与精神一词对应的则是geistes。Geistes是一个非常重要的哲学概念,在西方哲学概念中的地位很高,德国古典哲学衍生出了专门研究精神现象的哲学分支——精神现象学。精神现象学(Phänomenologie des Geistes)起始于德国唯心主义哲学的巨擘康德,而集大成者是黑格尔。黑格尔把"精神"作为一个重要的概念——"实在"来加以研究,并以此为出发点阐释人类历史的整个发展过程。为了证明从个人意识到达绝对知识这一命题,黑格尔考察了社会发展各阶段和与之相对应的社会意识形态(客观精神)之间的关系。黑格尔把精神分为主观精神、客观精神和绝对精神,论证了精神的力量和形态在人类历史中的作用。他认为"精神的世界是自由的世界……而精神世界只有通过对真理和正义的意识,通过对理念的掌握,才能取得实际存在"〔1〕。黑格尔的精神现象学和辩证法是对康德"二律背反定律"的完整解释,其开创的研究范式使德国哲学乃至西方的唯心主义哲学走向巅峰。

那么黑格尔"精神"到底为何物?精神的力量又是来源于何处?他的《精神现象学》认为,精神是一种实在,而且精神是在正视否定的东西中获得力量。他说:"精神生活不是害怕死亡而幸免于蹂躏的生活,而是敢于承当死亡并在死亡中得以自存的生活。"〔2〕可见,黑格尔所指的"精神"并不是一种虚无缥缈的虚幻,而是一种实在,它是在否定异己的力量中汲取能量,并在肯定中得到发展的力量。精神的本质即为一种自在自为的力量,它是现实世界的一种实实在在的"实像"。黑格尔认为从意识到客观精神,再从主观精神到绝对精神的过程,就是人类用理性建构世界历史的过程。

2. 我国学者对大学精神的定义

我国学者对大学精神的定义也不尽相同。下面列举一些有代表性的观点:

文明积淀说。李辉、钟明华认为,大学精神是大学在自身存在和发展中形成的、具有独特气质的精神形式和文明成果;它是科学精神的时代标志和具体凝聚;它是整个人类社会文明的高级形式。〔3〕

气质说。刘亚敏认为大学精神包涵了三种意蕴:大学的自由、大学的内在超越以及大学的质的规定性。她认为大学精神就是大学立足于本性,在自由地实现内在超越的过程中所凝聚、体现出来的特质和风貌,是大学的质的

---

〔1〕 [德] 黑格尔:《小逻辑》,贺麟译,商务印书馆2003年版,第35页。

〔2〕 [德] 黑格尔:《精神现象学》上卷,贺麟、王玖兴译,商务印书馆1997年版,第21页。

〔3〕 参见李辉、钟明华:"'大学精神'的本质特征及其建设思路",载《中山大学学报(社会科学版)》1999年第2期。

规定性。〔1〕

群体意识说。杨鲜兰认为，大学精神是反映大学历史传统、特征、面貌的一种精神文化形态，是师生员工在长期的教与学、工作与生活实践中逐步形成和发展起来的，并为广大师生所认同的一种群体意识。〔2〕

观念范畴说。程光泉从哲学文化的视角考察了大学精神，他认为大学精神是人们投射到大学的一种精神祈望与价值建构，是大学自身存在和发展中积淀而成的具有独特气质的精神形式和文明成果，是大学发展的理想、信念和价值追求。〔3〕刘宝存也认为大学精神属于哲学文化范畴，他认为大学精神是关于大学作为一个整体、大学行为所表现出来的一种非物质性存在，即境界、气质、观念、规范等。〔4〕

共性说。王跃平从大学发展的角度考察了大学精神，他认为大学精神首先是大学发展和大学观念发展历程中共性特征的反映，是传统大学精神的延续；其次，大学精神是随着社会新元素的加入，不断适应各种社会思潮的结果。〔5〕

精神过程说。储朝晖认为大学精神属于大学的"人文世界"范畴，他把大学精神定义为一个过程。"人文世界并不是一个实在的世界，而是一种主观精神与客观精神、个性与传统所构成的教化与创造相统一的精神过程。"〔6〕

文化精髓或文化灵魂说。骆郁廷等学者更倾向于把大学精神当作大学文化的核心部分。骆郁廷认为，大学精神是大学在长期的办学实践中积淀而成的文化精髓，凝聚了一代又一代大学人心血和汗水的文化结晶，是大学存在发展的共同价值基础，是造就栋梁之才的精神沃土，是大学维系发展的命脉之所在。〔7〕常艳芳也认为大学精神是大学通过知识的创造和传承以塑造知识权威，它凝聚着几代大学人对大学的宗旨、意义的理想、信念和追求，是大学赖

---

〔1〕　参见刘亚敏："大学精神探论"，华中科技大学 2004 年博士学位论文。

〔2〕　参见杨鲜兰："论大学精神的培育"，载《高等教育研究》2004 年第 2 期。

〔3〕　参见程光泉："哲学视野下的大学理念、大学精神、大学文化"，载《北京师范大学学报（社会科学版）》2010 年第 1 期。

〔4〕　参见刘宝存："何谓大学精神"，载《高教探索》2001 年第 3 期。

〔5〕　参见王跃平："按'逻辑自洽'法则解读大学精神"，载《现代教育科学》2003 年第 4 期。

〔6〕　储朝晖：《中国大学精神的历史与省思》，山西教育出版社 2010 年版，第 62 页。

〔7〕　参见骆郁廷："注重大学精神文化的传承与创新"，载《中国高等教育》2012 年第 21 期。

以存在的支柱和发展的动力源泉。而大学精神是大学文化的核心要素。[1]

综合体现说。冷余生认为，精神是思想、情感、作风、影响力的综合体现。大学精神是以大学为主体的思想、情感、作风相统一的观念，对大学的存在与发展具有巨大影响力的精神。[2]

三、大学精神的外延

大学精神所包含的内容和层次丰富多样。学者们对大学精神的外延也展开了深入的探讨。有人认为大学精神是求真、崇善、求美和社会担当的集合体。[3]如果把现代大学当成一个伦理场域，大学的伦理精神可以概括为从"崇善"经"从善"再到"止于至善"的过程。大学追求的"善"包括责任、幸福和生态合理性。[4]还有学者认为大学精神包括创造精神、批判精神和社会关怀精神。[5]还有学者在分析传统大学精神时强调，它应该包括以下五个方面：一是不断追求真理；二是严格完善人格；三是始终保持教化社会、泽被人类的使命，这一观点正是我国古代大学之道的现代表达——大学之道，在明明德，在亲民，在止于至善；四是大学自治的精神和轻松自由的学术氛围；五是师生之间必须能够趣味相投和精神上的自由交往。[6]

就精神内涵所体现的层次来分析，大学精神可分为三个层次：最高层次的大学精神应该是对真善美的不懈追求；基本层次的大学精神，特指学者养成所需要的精神，包括独立、自由、创新、批判和开放精神；而具体层次的大学精神是指某所具有一定历史的大学在其发展过程中积淀的独特的精神气质。[7]综上所述，大学精神作为一种精神现象，其内涵丰富，层次和外延也丰富，正因为如此，人们很难对它作出一个统一的、确切的定义。可以确定

---

〔1〕 参见常艳芳："大学精神的人文视界"，东北师范大学2004年博士学位论文。

〔2〕 参见冷余生："大学精神的困惑"，载《高等教育研究》2004年第1期。

〔3〕 参见眭依凡：《理性捍卫大学》，北京大学出版社2013年版。

〔4〕 参见庞晋伟："崇善的大学——现代大学的伦理精神探究"，东南大学2006年博士学位论文。

〔5〕 参见李辉、钟明华："'大学精神'的本质特征及其建设思路"，载《中山大学学报（社会科学版）》1999年第2期。

〔6〕 参见张应强："现代大学精神的批判与重建——为刘亚敏《大学精神探论》而作"，载《高等教育研究》2006年第7期。

〔7〕 参见杨兴林："大学精神研究的重新审视"，载《江苏高教》2014年第4期。

的是，大学精神既有个性化的表征，因不同的大学在自身的发展过程中都有其特殊性；也有普遍性的内涵，是因为大学作为追求知识和培育人才的高级组织形态，必然遵循知识发展的逻辑和人才培育的规律。

鉴于这一判断，通过上文的分析，本书提出的大学精神内涵的概括如下：大学精神是指在大学发展过程中，由全体大学人共同创造的、经过时间凝聚并传承下来的文化底蕴和文化特质。它既反映了大学人共同的精神面貌和心理状态，又体现了大学共同发展的规律和不同时代的要求，体现了大学运行和大学实践的核心理念，折射出大学人共同信仰的理想、信念和核心价值观。它既是传统文化精神的凝结，又是时代精神的风向标，能够产生对大学师生和社会民众的巨大影响以及对时代的推动作用。

同时，因为精神聚合了意识、内容、品质和活力状态等几种含义，故大学精神的内涵至少也应包含四种层次：首先它应确指大学的精神文化（与物质文化对应的内容）；其次它应包含大学教育的办学思想、大学理念和大学理想中的核心内容；再次大学精神亦指那些经过历代的积淀和传承而成为大学师生普遍具有的一些精神品质；最后大学精神也是大学师生由内而发的一种精神面貌，在一定的社会条件下自发地张扬或彰显出来的活力状态。大学精神只有发散为一种活力状态，才能与大学精神的内在品质互为表里，共同促进大学各项职能的协调发展，并真正成为大学及大学人宝贵的精神财富。

第二节　西方大学精神溯源和社会影响

一、人文精神促使中世纪西方大学的创生

由于西罗马帝国衰落和北方蛮族入侵罗马，欧洲的古典时代落下帷幕，并开启了漫长的中世纪。欧洲的中世纪曾被标签化为"黑暗世纪"——在那里神权专制横行，宗教的独裁几乎令理性湮灭。不过，今天的历史学家经过考证后还是还原了历史的部分真实面貌——中世纪并非贫瘠、荒诞和野蛮的代名词，作为承启古典时期和启蒙时代的纽带，中世纪不但继承了古典文明的内核，而且在此基础上孕育出了启蒙运动的精神胚胎。法国社会学家爱弥尔·涂尔干称其为"全新文明的良种的孕育期"。人们不禁要问，孕育欧洲启蒙时期新文明的精神母体是什么？历史学家海斯汀·拉斯达尔这样回答："圣

职主义（sacerdotium）、主权统治（imperium）以及高等学业（studium），这三者曾被中世纪的学者赋予了至为神秘的力量与'德行'。正是这三者丝丝入扣的通力协作，才保证了基督世界长久安定的生存空间……毋庸置疑，那些灌溉和滋润了普世教会的知识溪流也有着自己的源头——伟大的原型大学，尤其是巴黎大学。"[1]

原型大学为何出现在中世纪的欧洲，而不是别的地方？这一问题需要我们对这一时期的欧洲历史和社会背景进行细致入微的考察。从大学产生的条件来考察，大学的诞生至少需要三个关键要素：一大批优秀学者的联合；大量学生的聚集；学术研究中心的出现。由于商业和手工业的繁荣，行会在公元 11 世纪左右的欧洲兴起。行会意指同类职业的人自由结成的法人社团，目的在于保护本行业内部的利益，这一概念最早源于罗马法。之后，欧洲各国的学者群体也效仿手工业者的做法，建立起学者的行会（studium guild）。学者行会后来发展成为教师法团（universitas magistrorum），这是一种受教会承认又免于教会控制的、具有较大自主权的行会组织。当然，教师法团并非从一开始就是独立自治的组织，为了争夺独立的教职权利，它们与教会展开了不屈不挠的斗争，终于在罗马教廷的帮助下取得实质性的胜利。1215 年，罗马教廷颁布法典，规定教师法团有权利为其内部事务的所有事项制订法律，并要求教师法团的成员宣誓遵守法团的规章。与之相对应的是，法典规定只有经过罗马教皇许可创办的学校才合法。

随着加洛林王朝的覆灭，欧洲出现了第一次思想复兴运动。查理大帝通过发动"十字军东征"，基督教会则通过开办修道院学校和主座教堂学校的方式扩充基督教的版图。在此基础上教会还发动了"智识运动"，其主要目的是通过理性为基督信仰正名，但在客观上刺激了普罗大众接受教育的热情。大量的来自不同国家的学生聚集到了巴黎就读于教会学校，由于学生人数实在太多，教师规模不得不成倍扩大，原来的授课地点圣母院学校也不得不扩充到巴黎其他的场所。这使巴黎在短时间内发展成为当时欧洲盛极一时的、也是聚集学生和学者最多的学术中心。

有学者认为，中世纪教会的教育机构之所以能够逐渐世俗化并发展成大学，有两个主要的原因：一是东方文化的流入对西方基督教文化的冲击；二

---

[1] Hastings Rashdall, *The Universities of Europe in the Middle Ages*, Oxford Clarendon Press, 1936, p. 1.

是欧洲的"智识运动"带来了理性精神的复兴。[1]首先，在十字军的东征过程中，西欧国家接触并吸收了璀璨的东方文明，如东罗马帝国文化和阿拉伯文化，这对基督教文化不啻是一种巨大的冲击，也促使基督教教士不得不重新解释基督教义，并通过吸收异教思想来证明基督教的合理性。其次，一部分有抱负的教士希望能通过知识来检视信仰。法国社会学家涂尔干一言以蔽之，"中世纪所有的思想活动都指向单一的目标：创造一套可以充当信仰基础的知识体系"。[2]创建证明基督信仰的知识体系的过程同样是艰难曲折的。一开始，基督教学校教授的主要是如何研读教义，教育的目的并不是为了培训某种技艺或技能，而是形塑心灵和巩固信仰。因此"百科全书式"的教育理念占据主导地位，他们把人类知识分成七大学科，这就是所谓的"七艺"：文法、修辞和辩证法称为"三科"，还有"四学"包括几何、算术、天文和音乐。相比之下，三科比四学更为重要，因为当时的人们认为三科与心灵的塑造更为关联密切，而四学侧重于技艺，着重训练人们如何应对现实世界的生存。

从认识论的角度来看，虽然基督教对知识的创新本身毫无需求，但这些学科在客观上提升了学习者的逻辑素养和理性精神，并因此发展出了神学研究的一个重要学派——经院哲学。虽然教条的真理性有了被怀疑和挑战的危险，但学者们为了推动经院哲学发展也付诸了巨大的努力。开始通过从逻辑学入手研究世俗文化，进而将此种研究方法延伸到神学理论的钻研中，这样就彻底改变了中世纪前期机械习诵的神学学习方式。经院哲学体系的集大成者、法国神学家和哲学家阿伯拉尔（Pierre Abelard，1079~1142）发起的"经院哲学革命"，激发了人们用理性来检验基督教义的热情。在阿伯拉尔等人开创的"智识运动"的推动下，人们对知识和理性的渴望愈发强烈，教会学校、修道院学校甚至巴黎主教座堂学校已经满足不了这一需求，新的教育形式呼之欲出，以巴黎大学为代表的原型大学在这一背景下诞生了。直至13世纪初，欧洲很多地方均出现了初具规模的大学组织形式。

当然，由于中世纪欧洲各个地区的文化、政治和经济的差异较大，原型大学在出现伊始就呈现出多样化的特征。原型大学主要有三种典型：一种是

---

〔1〕 参见邓磊：《中世纪大学组织权力研究》，人民出版社2014年版，第77页。

〔2〕 ［法］爱弥尔·涂尔干：《教育思想的演进》，李康译，上海人民出版社2006年版，第176页。

以博洛尼亚大学为代表的"学生大学"。12世纪欧内乌斯时代法学的复兴，促使来自欧洲各国的法学研习者结成联盟（universitates），并在此基础上组建了四个著名的学生工会。[1]作为一种学生民主自治组织，学生工会的主要职能是制订大学自治章程和法令，并选举执政人代行管理大学的职权，目的是抵制市政当局、教会甚至教师对大学的过分干扰。博洛尼亚大学的学生工会实际上拥有了大学的控制权，他们还迫使罗马教皇承认了这一组织形式的合法性。另一种原型大学是以巴黎大学为代表的"教师大学"，其特征是学者结盟成教师行会并行使大学的实际统治权。来自欧洲各地的学者在巴黎大学聚集，形成了神学、法学、医学和艺学院四大系科，各个系科都有自己的教师团，其中艺学院的主事也是大学的实际领导人。依托以全校大会为核心的组织管理模式，使得巴黎大学较早摆脱了教会的桎梏，实现了教职独立和最初意义上的大学自治。此外还有独具一格的牛津大学，其特点是教研与王权、世俗事务始终保持了一定的距离，大学成为研究学问的"象牙塔"。值得一提的是，后世的牛津大学进一步完善了原型大学的组织制度，如学位制、学院制、住宿制、选课制等，逐渐发展成为古典大学的光辉典范。

大学在中世纪的欧洲诞生绝不是历史的偶然。首先，因为13世纪初理性得以复归，基督教世界逐渐走向统一和稳定。大学诞生的秘密还可以从西方古典文明的脉络中找到端倪，以苏格拉底为代表的古希腊教育家早就提出"美德即知识"和"美德是可教的"等命题，认为人生来就要追求普遍的善和美，人类有必要探寻理智与道德的关系。西方的哲学默认，其实幸福内在于人类探求真理的思辨活动中。这种理性传统经由柏拉图、亚里士多德等人发扬光大，使得理性主义成为西方古典文化的鲜明特征，这便是西方理性主义传统的渊薮之一。其次，自第一个千禧年以降，西欧社会出现了蔚为壮观的文艺复兴，古希腊教育和城邦政治的传统也在大学这一组织形式内得以接续，并由此催生出了一大批学识卓越的教士知识群体，这些也为大学的诞生创造了重要的条件。总而言之，中世纪大学延续了古典文明，孕育出彰显人文主义精神的文艺复兴运动。及至18世纪法国成为启蒙运动的策源地，理性终于成为人类精神舞台的主角，这同时也标志着欧洲正式进入"理性时代"。

---

〔1〕 参见［英］海斯汀·拉斯达尔：《中世纪的欧洲大学》（第一卷），邓磊译，重庆大学出版社2011年版，第110页。

二、理性精神推动近代西方大学的繁荣

文艺复兴之后，欧洲社会经历了一系列重大的经济、政治、科学和产业革命。但彼时的大学依然沉浸在中世纪经院哲学的迷雾之中，显得保守而沉闷。这也预示着大学将要迎来一场自上而下的大变革，非但如此，大学将逐步走向尘世，在19世纪以后的欧洲历史舞台上大放异彩。

从1688年英国"光荣革命"到1789年"法国大革命"这段时间内，欧洲出现了西方资产阶级启蒙运动。众所周知，观念的革命是一切革命的基础，欧洲的启蒙主义者们相信：人类的理性力量所向披靡，理性可以运用于所有的领域，因为人类通过理性可以发现种种有效的自然法则。而所有人、一切制度和传统都要接受理性的检验。伏尔泰、卢梭、洛克、亚当·斯密等一大批启蒙时代的巨擘著书立说，用他们的启蒙思想挑战着欧洲社会的神经，并吹响了欧洲经济、宗教、政治制度改革的号角。启蒙运动的哲学家们强调科学的力量，相信科学才能使人正确认识自然，破除宗教迷信，增进人类的福祉，最终实现自由、平等、民主的社会。这些思想更是激起了人们反对神权、王权和封建特权的狂潮。正如黑格尔所言："一旦充分自由这个抽象概念进入个人和民族的头脑，就没有什么比它更难以控制的了。"[1]随后，哥白尼等人开启的科学革命，以及第一次工业革命和法、英两国的资产阶级政治革命等，都促使19世纪的欧洲社会发生了翻天覆地的变化。

那么，自由与科学到底在哪个国家的大学中首先发生碰撞呢？答案是德国大学。就像阿诺德对德国大学的评价："法国大学缺乏自由，英国大学缺乏科学，德国大学则二者兼而有之"。[2]不过，大学的变革发生在德国跟普法战争密切相关。普法战争战败后，普鲁士政府希望通过大学改革来振兴国家。同时，启蒙运动对德国的影响之大绝不亚于启蒙运动的策源地法国。德国启蒙主义的思想家如托马西乌斯（Christian Thomasius）、莱布尼茨（Gottfried Wilhelm Leibniz）、莱辛（Gotthold Ephraim Lessing）、康德（Immanuel Kant）等人的思想，对德国的影响深远。他们从哲学的角度对知识、科学、理性、

---

〔1〕 转引自［美］斯塔夫里阿诺斯：《全球通史——从史前史到21世纪》（下），北京大学出版社2006年版。

〔2〕 贺国庆：《德国和美国大学发达史》，人民教育出版社1998年版，第2页。

真理等概念进行了全面深入的剖析。此时的德国几乎同时出现了理性主义、浪漫主义、理想主义、新人文主义等思潮，这些都深刻改变了当时德国人的大学理念。另一个重要的原因在于，普鲁士王国在 18 世纪对大学已经进行了两次改革，目标是确立现代科学和哲学在大学中的地位，并取得了良好的效果，大学逐渐成为德国最重要的科学研究基地。这些因素都为 19 世纪柏林大学改革奠定了坚实的基础。

对德国大学理念产生重要影响的人物当中，康德是最重要的一位。新人文主义哲学家康德对德国近代大学改革的理念影响至深，他甚至被誉为近代大学思想史上正式系统展开大学论说的第一人。[1]康德在笛卡尔理性主义思想的基础上进一步提出，人是受自然法则限制的理性存在，所以人类理应为自己立法。康德把真理和道德确立为德国古典哲学的两大主题：头顶的星空和内心的道德法则，前者对应的是人类对自然的探索和真理的追求，而后者指的是人为自己立法的道德追寻。人只有在遵守相应的道德法则中才能获得自由。由是，康德在对理性的批判中也为信仰找到了相应的位置。这一重要思想是他的"理性大学"的理论来源。在他的《学部冲突》一文中，康德首次提出大学是科学探索与人文理性结合之地的观点。他通过分析神学院、法学院和医学院三个学院与哲学院的知识之争，系统地论证了哲学院的独立性和特殊性，并提出大学应以哲学院为中心的大学建制和理念。

影响德国大学改革的另一名哲学家是客观唯心主义哲学家谢林（Friedrich Wilhelm Joseph von Schelling）。谢林的大学理念来源于他的自然哲学和同一哲学思想。他强调传授给学生的知识必须具有整体性，大学师生的使命在于科学研究和追求真理。这一思想对德国后世的高等教育哲学尤其是哲学家雅斯贝尔斯的大学教育思想产生了深远的影响。

在康德、谢林等人的影响下，洪堡、费希特和施莱尔马赫等人投身德国教育改革的实践，并发展集成一整套具有开创性意义的德国近代大学教育理念。洪堡认为，大学应该成为纯科学研究的学术共同体；大学的两大功能是教学和科研，且二者并重。为了保证大学的学术自由，大学应该想尽办法避

---

〔1〕 参见胡建华："思想的力量：影响 19 世纪初期德国大学改革的大学理念"，载《清华大学教育研究》2004 年第 4 期，转引自酒井吉荣：《学问の自由大学の自治研究》，日本东京评论社 1979 年版，第 76 页。

免政府和教会的干扰，实行大学自治，因为大学良好的发展也符合国家的需要。费希特（Johann Gottlieb Fichte）的大学理念主要由两部分组成：知识论与学者论。他在《在柏林创立一所高等教育机构的演绎计划》一文中，针对中世纪大学僵化教条的教学模式，有创见性地提出大学存在的理由不是传授知识，而是教授给学生运用知识的技法。而为了达到纯熟应用知识的技法，哲学的学习是非常有必要的。大学要培养学生的科学精神，而教师们也应该重视学术研究。费希特亲自执掌柏林大学的时期使柏林大学走向辉煌，因而被誉为"柏林大学理智的奠基者之一"。

另一名宗教哲学家施莱尔马赫（Friedrich Daniel Ernst Schleiermacher）是柏林大学章程的主要制订者。他在柏林大学的章程中较为完整地贯彻了洪堡等人关于大学改革的思想。而施莱尔马赫本人关于大学和政府关系的思想也完整地体现在大学章程中。他同意洪堡的主张——大学应该独立于政府，因为国家虽然需要发展学术来培养有知识的国民，但学术自由才能保障学者们（包括学生）自由探索的权利。施莱尔马赫还为柏林大学设计了保障大学组织运行的"五大制度"：以哲学院为首的四大学院制、教授等级制、教授会制度、讲座制（seminar）以及利益商谈制，[1]这是当时有关大学自治最完整的制度设计。施莱尔马赫制订的柏林大学章程，完整体现了德国19世纪启蒙思想家的哲学思想和大学理念，为柏林大学改革的成功奠定了制度基础。

在洪堡、费希特和施莱尔马赫等人的共同努力下，柏林大学的改革取得了巨大的成功，一方面使德国大学模式成为现代大学的典范，另一方面也奠定了德国从19世纪末到20世纪初在世界学术中心的地位。柏林大学确立了现代大学的学术自治、教授治校、科研和教学并重的"三原则"，并由此衍生出现代大学的三大职能：专业训练（fachschulung）、研究（forschung）和教育（bildung）。这三大原则和三大职能有机结合在一起，成为不可分割的统一体，浇筑出现代大学的理想模型。随后，德国各地的大学纷纷仿效柏林大学进行改革，并涌现了一批新型大学，如布雷斯劳大学（1811年）、波恩大学（1818年）、慕尼黑大学（1826年）等；另外，老牌的莱比锡大学、海德堡大学、哥廷根大学等也加入了这场大学改革运动。学术自由精神和科学研究精

---

〔1〕 参见张小杰："关于柏林大学模式的基本特征的研究"，载《华东师范大学学报（教育科学版）》2003年第2期。

神在德国大学蔚然成风。德国大学模式从此成为世界大学竞相追赶的标杆。

1876 年，美国以德国大学为榜样创办了约翰·霍普金斯大学，它以重视发展科学研究和研究生教育为特点，后来发展成为美国独树一帜的研究型大学。而英国在赫胥黎等众多有识之士的呼吁下，老牌的牛津大学和剑桥大学也朝德国大学的模式改变，它们在坚持古典人文精神的基础上也适当吸收了德国大学重视科学研究的做法，大力改革课程和学科设置以跟上现代大学改革的步伐，不久牛津和剑桥两校便扭转颓势。法国的大学也是如此。在 1870 年普法战争法国惨败之后，法国大学痛定思痛，着手对大学等进行了德国式的改革。经过数十年的努力，到 19 世纪末，巴黎大学也曾再度成为世界科学和知识中心。

19 世纪肇始于德国的大学改革运动使大学顺应了民族主义、民主化和工业化浪潮的要求，让世界大学不约而同走上了现代化的道路。中世纪以来大学的教会主义开始转向现世主义，神学研究让位给了科学研究。自由、科学和理性精神成为近代大学精神的核心内容并逐渐影响到世界各地。德国模式的成功，昭示着理性精神在大学的胜利，到 20 世纪初期，"德国确成为世界大学的耶路撒冷"。[1]

三、一流大学精神催生现代多元巨型大学的崛起

德国大学模式的成功对美国大学冲击很大，促使美国大学对现代大学理念进行彻底的反思。经过几十年的追赶，美国大学异军突起，在 20 世纪与英国大学模式、德国大学模式各领风骚。我们不仅要问：支撑它们崛起的内在力量和外在条件是什么？美国大学的精神内涵又有何不同？

众所周知，高等教育的大众化是 20 世纪高等教育发展的主要特征。特别是"二战"以后，美国大学为了更好地适应工业体系的发展而作出了积极的回应，逐步形成了一种独具美国特色的现代大学体系。美国大学从 19 世纪末的德国大学理念中汲取精华——重视科学研究，尽力促使大学成为现代科学研究的中心。美国大学还开创了研究型大学的先河。研究型大学的宗旨是培养创新型人才。但到了 20 世纪 40 年代，仅重视科研的大学远远不能满足美国社会对高等教育的旺盛需求，建立一个多元的大学体系势在必行。于是，

---

〔1〕 金耀基：《大学之理念》，生活·读书·新知三联书店 2001 年版，第 4 页。

以"二战"时期美国政府对应用科学的战时需求为契机，美国的大学主动或被动地加入到联邦政府的"大学科计划"项目中。同时，大学的科研工作者成功地把基础科学的理论研究成果转化为应用技术，把专业知识与国家需要完美地结合起来，使美国的科技实力大增。这段"亲密合作"的历史为美国大学与政府之间后续的全方位合作奠定了基础，美国大学的社会服务理念被发挥到了极致。

历史学家把"二战"结束后至20世纪70年代这段时间称为美国大学的"黄金时代"。彼时，美国大学形态丰富多样，大学的威望空前，学生的规模扩大到前所未有的程度，是这一时期美国大学的典型特征。有学者用"3P"精辟概括美国大学的发展：繁盛、声望和普及（prosperity、prestige、popularity）。[1]数据表明：1939~1940年间，美国大学的总入学人数达到150万，而1960年的总人数增至360万，到了1970年这一数字更是飙升到了惊人的790万。[2]同时，受进步主义和实用主义教育思想的影响，20世纪的美国大学越来越深入地参与到国民生活的各个领域。美国大学的迅猛发展反过来强化了美国大众的信念：大学对增进国家福祉和个人福利具有至关重要的作用。

美国国会在1944年出台的《退伍军人适应法》（Servicemen's Readjustment Act）中规定，美国大学有义务配合政府为"二战"退伍军人提供接受高等教育的机会。历史证明，该法案也为推动美国高等教育的大众化作出了积极贡献。与此同时，联邦政府加大了对大学的"大科学"研究项目的资金投入，从而推动了美国交叉新兴学科的快速发展。数据显示，1960年联邦政府为大学投入了15亿美元的资助。[3]随着1957年《国防教育法》（National Defense Education Act）的颁布，美国政府资助高校科学研究的意愿更为强烈。

"二战"后美国大学的博士和研究生项目迅速扩张。原因有两个：不断扩大的本科生教育规模急需更多的师资，以及政府资助的研究项目需要越来越多的科研助理。联邦政府的资助也刺激了地方政府和私人基金会投入高等教育领域的热情。与联邦政府不同的是，私人基金会的资助领域主要集中在应

〔1〕　参见［美］约翰·塞林：《美国高等教育史》，北京大学出版社2014年版，第244页。

〔2〕　See American Council on Education, "Enrollments by Levels of Study, Selected Years 1899-1900 to 1990", in *1984-1985 Fact Book on Higher Education*, New York：Macmillan 1984, p. 87.

〔3〕　See Clark Kerr, *The Uses of the University*, Cambridge：Harvard University Press, 1963, pp. 5~52.

用学科和新兴学术领域。私人基金会的加入推动了大学募捐机制逐步完善和成熟，而州政府对大学支持力度的加大则直接提升了大学反哺社会的热情。同时，美国公立高等教育极速扩张——以加州大学为代表的多校区巨型大学系统的出现，这种规模集群效益带来的直接后果就是美国高等教育从大众化走向全面普及。

20世纪80年代以后美国大学进入第二轮快速发展通道。其主要特征是，大学与产业紧密结合，大学高科技产业园区（或产业带）和创业型大学出现。其中，斯坦福大学和加州大学伯克利分校附近形成的"硅谷产业带"，波士顿—剑桥区域的"128公路电子产业带"以及北卡罗来纳大学、杜克大学和北卡罗来纳州立大学的"研究三角"等，成为新科技的孵化器和地方经济发展的引擎。同时，美国高等教育的格局更加多元化，社区学院和营利性大学兴起，反映出美国大学的办学理念深受新教和职业伦理精神的影响——新教徒对高等技术教育和培训的热情笃信只有通过世俗职业的成就才能确定上帝对自己的恩宠。在全球化的今天，美国通过"全球大学"输出高等教育，预示着美国还将在21世纪的一段时间内继续引领世界高等教育的发展潮流。

英国《泰晤士报》统计数据显示：2008年全球排名前200名的大学中，美国大学占了70所。[1]可以说，从1900年到2010年这一百多年间，美国的高等教育经过数次大变革后取得了巨大的成功，造就了一大批世界顶尖大学，美国大学成为世界大学发展新的标杆。美国大学不但成为世界学术研究领域名副其实的领头羊，而且成为世界范围内学术规范的"金本位"国家。探寻美国高等教育的百年历史我们会发现，导致美国大学成功的正是一种追求"拥有灵魂的卓越"的精神。这种卓越精神是美国大学在美国独特的社会、经济、政治、民族、文化结构的发展产物。

正所谓"先有哈佛后有美国"。我们从各校的校训中可见端倪。哈佛大学的校训是"以柏拉图为友，以亚里士多德为友，更要以真理为友"（Let Plato be your friend, and Aristotle, but more let your friend be truth）这体现了它矢志不渝追求真理的精神；耶鲁大学的校训"光明与真理"（Lux et Veritas）表达了它突破思想禁锢、追求真理的勇气；斯坦福大学校训"自由之风劲吹"

---

[1] See The Times Ranking, http://www.wiki.mbalib.com/wiki/《泰晤士报》2008年全球大学排行榜，最后访问时间：2019年10月8日。

(The wind of freedom blows) 表明了它追求学术自由的决心；加州大学伯克利分校的校训 "愿知识之光普照大地"（Let there be light）显示了伯克利对理性的信仰；麻省理工学院的校训 "动手动脑"（Mind and hand）契合它一以贯之的实干精神和重视应用研究的传统；新兴的纽约大学的校训 "坚持并超越"（Perstare et praestare）表达了它敢于创新和超越自我的态度。这些有着独特个性精神的美国大学，正是大学理念在多元的美国文化中交锋、竞合、筛选和凝结的结果，反过来又成为推动美国大学百家争鸣、百花齐放的自由竞争格局和多样发展的生态的力量。在这里，传统与现代，理性与信仰，坚守与超越获得了一种奇妙的平衡，共同演绎出了美国大学的百年辉煌。

第三节　中国大学精神的历史生成和时代呈现

一、中国古代的 "大学之道"

对于我国古代是否有大学这个问题，学术界尚没有定论，但大学精神的萌芽古已有之却是不争的事实。梅贻琦先生在《大学一解》一文中写道："今日中国之大学教育，溯其源流，实自西洋移植而来，顾制度为一事，而精神又为一事……近代中国大学教育的宗旨，归根结底仍是《大学》里所说的 '在明明德，在亲民，在止于至善'。"[1]中国的大学精神之源，根植于中华民族肥沃的文化土壤中，在近代中国西学东渐的过程中破土而出，并在现代化的过程中与西方大学的本体精神碰撞竞争，最终竞合交融，生长成独具特色的中国大学精神谱系。

探寻中国古代大学精神的源头，首先要找出它的精神原型。中国古代大学精神萌发于华夏民族形成之初，成形于西周至春秋时期。在《周易》中，有一句 "天行健，君子以自强不息；地势坤，君子以厚德载物" 集中概括了中华民族精神的核心内容，也为中国大学精神提供了至今难以超越的精神范畴。[2]此后，中华民族的精神脉络始终围绕 "君子精神" 或 "士" 的精神演绎发展，在各个历史时期形成异彩纷呈的思想流派。春秋时期百家争鸣，

---

〔1〕梅贻琦著，刘述礼、黄延复编：《梅贻琦教育论著选》，人民教育出版社 1993 年版，第 99 页。

〔2〕参见储朝晖：《中国近代大学精神史》，人民教育出版社 2013 年版，第 30 页。

儒家的"仁"与"礼"互为表里,统一构成君子的理想人格;墨家的理想人格"兼士",表现为"兼相爱,交相利";道家坚持"虚静"和"有所为有所不为",强调时运不济也要坚守"天道",这些思想都为后世的士人提供了精神栖息的空间和思想源泉。

余英时先生在《士与中国文化》一书中详述了"士"的起源和发展。士大夫阶层作为中国特有的知识阶层,他们对中国古代社会产生了重要的影响。"士"起源于游士,一开始多为武士,到春秋时期逐渐转变为文士。文士以"明道救世"作为人生的信仰和追求,以"入世"为现实目标,积极参与国家政治治理和对民众的教化活动。秦汉以后文士逐渐演变为士大夫阶层。在汉代,"士"的典型形象是循吏,他们重视教化民众,往往在履行朝廷授予的吏职之余,还主动地承担起儒家之"师"的责任——讲经办学,教化民众。宋明儒学复兴时期,士大夫更是热衷于开办书院。两宋时期,士大夫"以天下为己任",选择积极入世以"得君行道"。但由于各种原因,到了明朝王阳明"心学"一派,已经悄然变成"君子思不出其位"的务实低调——转而关注和致力于社会的移风易俗了。

到了晚明和清初,由于商品经济在民间社会萌芽,加之受到西方文化的影响,"士商转换"的风气逐渐流行。"天下之士多出于商","士"的定位又一次发生重要转型。清朝中叶王夫之、黄宗羲、颜元等人意识到理学"空谈误国",逐渐转向经世致用的"实学"和主张义理考据的"征实之学"——朴学。虽然两千多年来"士"的面貌发生了很大的改变,但"士"的主流精神在中国社会一直扮演着积极的角色,"士"的变迁在中国史上确然形成了一个高度连续性的传统。[1]士作为我国古代特有的精英群体,坚守"士志于道"的精神内核,他们主动承担社会责任,承担中华民族文化的传承与创新,这一点是士大夫精神延续千年而不灭的根本原因。如今,"士大夫"作为一个阶层虽然已经不存在了,但士大夫精神却绵延至今,成为中国大学精神的重要源流。

中国古代大学精神的承载离不开几经变迁的教育机构。中国高等教育机构的雏形最早出现在西周,当时称为学宫或辟雍。学宫或辟雍作为西周的官方教育机构,它主要的教学内容是礼、乐、射、御等,目的是培养军事人才。

〔1〕 参见余英时:《士与中国文化》,上海人民出版社2003年版,新版序言。

另外，东周时期列国"养士之风"盛行，催生了大量的民间私学的出现。孔子游历列国并"收授弟子三千，集七十二贤"就是当时的私学繁盛的缩影。古代的教育机构分为官学和私学，由政府举办的官学一支衍生出了上庠、东序、太学、国子学、国子监等形式，而由民间主导的私学一支则发展出了蒙学、私塾和书院。特别是书院，存在的时间最长，影响也最大。

最早的书院出现在唐朝，一开始并非以教授生徒为目的，而是官方藏书、校书或私人读书治学的场所。至两宋时期书院逐渐演变成集学术研究、文化传承和育人为一体的民间教育机构。鼎盛时期的书院，其师生的规模和社会影响力丝毫不亚于欧洲中世纪的大学。书院作为中国特有的教育文化现象，前后存续了一千多年的时间，故书院制度对中国古代教育的影响不可小觑。胡适先生曾把宋至明清书院与我国四大发明之一印刷术相提并论。

书院在一定程度上维持了中国古代社会所需要的精神秩序和文化结构。华夏文明是农耕文明的典型，而中华民族的文化是一种以政治伦理为核心的社会文化结构，所以无论是官学还是私学，都旨在培养一支维护封建统治和封建伦理的士大夫阶层。有所不同的是，官学因与科举制度的合流而趋于功利和保守，而散落在民间的书院相较之下显得更具张力，在中国专制保守的文化生态中书院通过各方的努力赢得了相对自由的生存空间和精神空间。明代大儒顾宪成曾为东林书院撰写过一副对联：风声雨声读书声声声入耳，家事国事天下事事事关心。书院在古代知识分子的心目中是"求道"和"求学"的理想场所，但书院一直游走在"出世"与"入世"之间，大多时候也刻意与官方保持一定的距离，中国大学"求道"与"求是"、"出世"与"刁世"并行的格局，可在书院中找到渊源。

历史上的书院人才辈出，也为后世贡献了宝贵的精神财产。朱熹因反对科举制度的过度功利化而复兴白鹿洞书院。他在《白鹿洞书院揭示》的跋语中抨击沽名钓誉的为学观："熹窃观古昔圣贤所以教人为学之意，莫非使之讲明义理，以修其身，然后推以及人，非徒欲其务记览，为词章，以钓声名，取利禄而已也。"为了扩大影响，朱熹还邀请各门学派到白鹿洞书院讲学论道，欢迎外地学子前来"质疑问难"。此举为宋代书院开创了一股百家争鸣的清流。明代王阳明在书院讲学时提倡"为学不可离群索居，不可一曝十寒，不可独学无友。固守一地，专从一师，难以长进"的求学态度，要求师生贯彻"知中有行，行中有知"的知行合一精神。在王阳明等人的努力下，明朝书院还创立了讲会制度，并大兴"怀疑、批判、独立思考、平等论学、求同存异"的学术风气，为明朝书院增添了勃勃生机。明清大思想家黄宗羲则反对"高谈性命，直入禅障，束书不观"的书院流弊，力主"学必原本于经术，而后不为蹈虚，必证明于史籍，而后足以应务，元元本本，可据可依"的学术探究精神和理论与实践并重的精神。在宋、明学人的推动下，书院精神的影响波及整个东亚儒家文化圈。总的来说，书院精神是一种集人文精神、学术精神和开放包容精神为一体的教育精神。

书院开创的学术自由、开放办学、兼收并蓄的精神传统，对中国近现代大学的创办和改革产生了重要的影响。蔡元培曾在北京大学力排众议，主张"囊括大典，网罗众家"，这正是书院精神中兼容并蓄的体现。清华大学创建早期把"自强不息，厚德载物"定为校训，则是对书院推崇的"君子精神"的承继和发展。尤其是清华一以贯之的实干作风，延续了书院一贯的"明道救世"精神和明清书院的实学传统。而西南联大"刚毅坚卓"的抗战精神，更是延续了"士志于道"和"士不可以不弘毅，任重而道远"的中国古代学人传统。

"五四"前后的中国知识界曾兴起一股"书院研究热"，这也可以看作是中国大学在改革中对民族化和本土化的思考。[1]"五四"时期一批具有独立自主意识的学人在移植西方现代大学制度的基础上反思书院精神，发起了中国大学的"土货化"运动，因当时很多的教育大家都是书院制度的拥趸。蔡元培在给湖南自修大学的题词中对书院大加赞美："合吾国书院与西洋研究所之长而活用之，其诸可以为各省新设大学之模范者与"[2]胡适认为，书院是集讲学与议政、自修与研究并能够倡扬时代精神的场所。[3]张君劢也认为书院不但继承了中国古代教育"师生问学、道德相勉"的优良传统，而且发扬了"不但讲学识，尤其要敦品行"的知识与德行相统一的精神。[4]陶行知受传统"大学之道"的启发，将他的教育理想总结为：大学之道"在明民德，

---

〔1〕 参见丁钢："书院精神与中国现代大学的民族性"，载《高等教育研究》1995 年第 3 期。

〔2〕 蔡元培著，高平叔编：《蔡元培教育论著选》，人民教育出版社 1991 年版，第 171 页。

〔3〕 参见王炳照："书院精神的传承与创新"，载《华东师范大学学报（教育科学版）》2008 年第 1 期。

〔4〕 参见王炳照："书院精神的传承与创新"，载《华东师范大学学报（教育科学版）》2008 年第 1 期。

在亲民，在止于人民之幸福"。一言以蔽之，中国大学在本土化的过程中非常重视提炼、汲取书院精神中蕴含的丰富养分。至于梁簌溟、唐文治、钱穆、唐君毅等人兴办现代书院的尝试，以及时至今日中国大学讨论或呼吁书院精神复兴的声音仍不绝于耳，更从另一个侧面反映了书院精神作为一种重要的大学精神资源将历久弥新。

二、民国时期"五四"精神与西方学术精神的冲突与融合

1840 年鸦片战争以后，中国遭遇"三千年未有之变局"，西方的坚船利炮打开了国门，动摇了清王朝封建统治的根基。加之洋务运动宣告失败，"师夷长技以制夷"的改革局限性凸显。有识之士认为教育乃兴国强民的起点。而此时的书院制度因与科举制度的合流等原因而失去了原先的活力，统治者也痛感兴学育才的紧迫性和重要性。在"远法德国，近采日本"思潮的影响下，欧洲、日本、美国等地区的大学理念逐步进入中国人的视野。当时政府和民间的有识之士在全国各地纷纷举办新式学堂，包括洋务学堂，如同文馆；办理私立新式学堂，如北洋大学和南洋公学；引进教会学校；举办以推翻清政府为目标的新式革命学校等。这四类学校为中国近代大学奠定了组织基础。1898 年，在改良主义思潮的影响下，维新派的康有为、梁启超等人奏议清政府，要求筹建京师大学堂。京师大学堂的成立正式拉开了中国近现代大学发展的序幕。

毫无疑问，中国第一所具有现代大学雏形的学校是京师大学堂。它仿东京大学而建，在当时还充当全国教育的主管部门。1904 年，张之洞会同张百熙等人拟定了具有大学纲领性质的《奏定学堂章程》，明确表达了通过革新学堂来振兴教育，通过高等教育急造力挽狂澜之栋梁之才的愿望。以此为起点，大学这一教育组织形式在中华大地生根发芽，并逐步取代书院，成为我国主要的知识创造和人才培养机构。截至 1909 年，我国共创办了 3 所国立大学和 24 所省立大学。[1]当然，此时的中国大学仍以军事学堂、单科学院或技术类学校为主，强调经世致用甚于培养广博精通的人才，尚不是真正意义上的大学。

---

[1] 参见［加］许美德：《中国大学 1895–1995——一个文化冲突的世纪》，许洁英主译，教育科学出版社 2000 年版，第 65 页。

溯源中国大学精神离不开对北大历史的梳理。1912 年，京师大学堂改制为北京大学，严复出任第一任校长。严复是把西方的自由民主思想引介到中国的"第一人"，他为北大带来了民主新风，在北大确立了"兼收并蓄，广纳众流"的办学方针，这也为北大日后成为全国的文化和思想交锋重地打下了坚实的基础。同年，从德国求学回来的蔡元培出任中华民国教育总长，在他的主持下，我国第一部现代大学章程——《大学令》诞生了。《大学令》首次明确了大学是"以教授高深学术，养成硕学闳材，应国家需要为宗旨"的场所，确立了我国大学的基本办学理念。

北大精神成形于 1912 年至"五四运动"之间，影响最大的事件有两起：一是 1917 年蔡元培在北大的改革；二是"五四运动"的爆发。这一时期的北大精神可以从以下三个方面进行概括。首先是思想自由、兼容并包的自由精神。蔡元培的包容思想来源于《礼记·中庸》"万物并育而不相害，道并行而不相悖"。同时，蔡元培深谙德国大学理念的精髓，尤为推崇学术自由的精神。他曾对北大师生许下承诺："研究者进行学术讨论有绝对自由，丝毫不受政治、宗教、历史纠纷或传统观念的干扰。"[1]在这种"教也自由，学也自由"的风气熏染下，北大延揽了一大批思想主张各异、学术造诣深厚的学者，并成为全国优秀学子向往的"精神圣地"。

北大是中国大学学术自由精神的发源地。蔡元培提出，北大的教师只要"言之成理，持之有故"，就有其生存和发展的空间，各个学派亦可以和平共处。20 世纪初的北大既有主张新文化运动的领袖人物胡适、陈独秀、鲁迅等，也有主张复旧保守的辜鸿铭、林琴南，还有反对新文学革命的国故派刘师培、黄侃等。激进主义、保守主义、社会主义、无政府主义等各种思潮都能够在北大展开争鸣，并获得各自的拥趸。同时，各种派别如疑古派、进步派、复古派、反动派也能够在那里交锋争鸣。此时的北大还成立了很多学术研究会和学生社团，如哲学会、雄辩会、体育会、新剧研究会、新闻研究会、进德会甚至学生救国会等进步社团，自由活泼的风气在当时国内大学实属罕见。北大的学术实力在学术自由的氛围中迅速增强，并在"五四运动"前后成了全国的学术中心。而这些成绩的取得都应归功于蔡元培开创的自由包容的学术风气和百家争鸣的学术传统。陈独秀曾这样赞誉蔡元培："这样容纳异己的

---

〔1〕 蔡元培著，高平叔编：《蔡元培教育论著选》，人民教育出版社 1991 年版，第 493~494 页。

雅量，尊重学术自由思想的卓见，在习于专制、好同恶异的东方人中实属罕有。"[1]

大学自治和教授治校是北大精神的另一项重要内容。蔡元培求贤若渴，对各派学者礼遇有加，这是北大的教授能够参与治校和学术自治的重要前提。在 1912 年颁布的《大学令》中，蔡元培就曾表达过想借鉴德国大学建立评议会和教授会的设想。到任北大后，他首先落实了评议会的立法权，并组织成立了各学科的教授会，教授们借此参与学校的各类事务。随后，他提出在行政事务中采用合议制，设立分管教学的教务长和分管总务的总务长两个职位，两者均从教授会中推举选出，这些制度安排都贯彻了教授治校的思想。通过蔡元培在北大的一系列改革，民主精神在北大生根发芽。

北大精神还包含了"爱国、民主、革命、科学、进步"的精神。民主和科学是"五四"思想启蒙运动的两面旗帜，而两大思潮的滥觞之地就在北大。陈独秀从 1917 年开始在北大继续创办《新青年》杂志，积极宣扬科学（赛先生）和民主（德先生）两大思潮。陈独秀认定只有拥护"德先生"以反伦理和旧制度，拥护"赛先生"以反对旧宗教和旧艺术，中国社会才能获得新生。与此同时，北大学生也自创《新浪潮》杂志，积极为自由民主思想在中国的传播摇旗呐喊。在科学和民主两面旗帜的号召下，北大师生发起了文学革命和革新思想文化的"新文化运动"。经过新文化运动的启蒙和洗礼，北大精神彻底完成了从传统到现代的转型。

马寅初曾高度评价"五四"时期的北大精神："此种虽斧钺加身毫无顾忌之精神，国家可灭亡，而此精神当永久不死。然既有精神，必有主义，所谓北大主义者，即牺牲主义也。服务于国家社会，不顾一己之私利，勇敢直前，以达其至高之鹄的。"[2]总而言之，北大精神是爱国传统和启蒙精神在特殊的历史背景中结合并孕育而成的，因为新文化运动所倡扬的民主和科学精神，在民族危亡的历史情境中自然生发出了新时期的爱国主义精神和进步主义思想。"五四运动"造就了北大精神，而蔡元培的包容思想又涵养了北大精神。北大精神是特定历史和特定人物合力而成的，是中国古代大学精神和西方大

---

〔1〕 陈独秀："蔡孑民先生逝世后感言"，载陈独秀研究网，参见 http://www.chenduxiu.net/ReadNews.asp?NewsID=1253，最后访问时间：2016 年 10 月 11 日。

〔2〕 马寅初："北大之精神"，载杨东平编：《大学精神》，辽海出版社 2000 年版，第 26 页。

学精神融合的产物。它不仅影响了在它之后的所有中国大学，而且统摄了中国大学后续的精神走向和发展脉络，并造就了一批"中西合璧"的现代知识群体——兼具学术自主精神且能充当思想启蒙主体的现代知识分子。

中国的其他大学如清华大学、南开大学、中央大学和浙江大学等，大都经历了制度和精神本土化的历程，且在本土化的过程中逐步实现了学术独立和精神独立。清华大学从一所留美预备学校发展为大学，校长梅贻琦功不可没。而 1925 年清华大学国学研究院的成立，标志着它在学术上开始有了强烈的学统独立意识。梅贻琦一开始就认定：大学虽然是以研究高深学问为目的，但研究之事终究也是为了国家的学术独立。清华对民主精神的推崇也可圈可点。1927 年清华大学通过了《清华学校组织大纲》，确立了评议会和教授会制度，并把评议会定为全校的最高决策机构。设立评议会和教授会有效避免了校长权力过分集中的弊端，并在抵挡外部权力干涉时起到了关键作用。陈岱孙评价"清华体制是当时这个潮流中较早出现的，对于当时高等院校内一长专制的传统起了一定的冲击作用，在中国教育史上，应该说，占有值得叙述的一页"[1]。

在国民党统治时期，中央政府虽然对所有的大学都实施"党化教育"，但这段时间内中国的大学发展仍非常迅猛，形成了国立大学、私立大学和教会大学三足鼎立的格局。总体上，当时各类大学还是拥有较高程度的学术自由和大学自治权力的，大学在当时国内较为混乱的局势中也形成了一支独立有效的对外制衡的校内自治力量。中国大学对西方文化和西方大学精神经历了由冲突到选择吸收的心路历程，中国大学精神谱系在大学本土化的过程中慢慢生成，反过来也有效推动了这一时期中国大学的迅速发展。

三、抗战时期救亡图存精神与学术自由精神的相遇与合流

抗日战争爆发后，为保存民族文化的火种，保护国家的知识精英，京津地区和中国沿海的大部分大学紧急迁往内地。随后，在战火和动荡中挣扎求生的中国大学，非但没有沉沦，反而在规模和质量上都有提升，这不能不说是一个奇迹。日本帝国主义侵略中国，一方面掠夺财富，另一面也欲实行奴化教育，"欲夺人志，先灭其史"。他们疯狂地焚毁校舍，践踏校园，逼迫中

---

〔1〕 杨东平编：《大学精神》，辽海出版社 2000 年版，第 396 页。

国大学停学停课。但中国大学的师生同仇敌忾，矢志一心保存中华民族精神的火种，接续中国学术传统之命脉。清华校长梅贻琦、北大校长蒋梦麟、南开校长张伯苓等人抱定"物质之损坏有限，精神之淬励无穷，仇深事亟，吾人更宜努力"[1]的信念和革命乐观主义精神。三校筹备联合"长征"，最后南迁至昆明组建成西南联合大学。三校合作的背景既有国难当头、同仇敌忾的意志支撑，又恰逢三校的精神传统非常接近——北大的自由与兼容并包、清华的民主、南开的自由活泼，三者相得益彰、巧妙融合，是西南联大精神产生的前提条件。西南联大精神生成的第二个条件在于它特殊的地理位置。西南联大在抗战中远离政府权力干涉，在相对自由的罅隙里反而赢得了大学自治的更大空间。西南联大的精神成长之旅，正如冯友兰在《国立西南大学纪念碑碑文》中所述："联合大学以其兼容并包之精神，转移社会一时之风气，内树学术自由之规模，外来民主堡垒之称号，违千夫之诺诺，作一士之谔谔。"[2]

西南联大的精神内涵可以概括为三种精神：一是刚毅坚卓的精神。抗战八年，联大的师生共同克服了物质奇缺、生活困顿和精神苦闷三道难关，仍以一种乐观的态度追求学术和真理，完美诠释了"刚毅坚卓之精神"。二是和而不同、兼容并包的精神。北大的包容精神在西南联大得到发扬光大。虽然联大师生的政治信仰各有倾向，学术见解纷然杂陈，但相互之间都克制在口头争论的范围之内，在学术自由的前提下学会了和平共处。校方的包容态度是各派和平共处的前提。此外，兼容并包的第二层含义体现为学术上允许和而不同、自由争鸣。学校充分尊重教师的研究兴趣和学术自由，允许不同的学术观点和派别共存并处、和平竞争。西南联大没有指定的统一教材，但每年所开课程都在 300 门以上，共开课程达到 1600 多门。[3]百家争鸣的教学氛围培养了学生独立思考、敢于怀疑和批判的学术品格和精神气质。三是自由民主的精神。梅贻琦主政西南联大，继续发扬清华大学教授治校的传统，实

─────────────

〔1〕 梅贻琦："关于联大校舍被炸的启事"，载《中国的大学》，北京理工大学出版社 2012 年版，第 163 页。

〔2〕 冯友兰："国立西南大学纪念碑碑文"，载 https://book.doudan.com/subject/1074222/discussion/2348670/，最后访问时间：2020 年 11 月 2 日。

〔3〕 参见李沐羲："西南联大——中国教育史上的一座丰碑"，载《中华读书报》2007 年 10 月 31 日。

行民主治校的方针。联大组建伊始就成立教授会,并定期召开由教授代表参加的校务会,议决学校各重大事项和大政方针,让教授们直接参与民主治校。西南联大还特别强调学生自治能力的培养,鼓励学生通过民主竞选组建学生自治会,参与学生相关事项的议决和自治,以培养学生的民主精神。因此,西南联大被誉为当时的"民主堡垒"。

西南联大精神的形成至少需要四个前提条件:一是学校管理者坚持"学术自由,兼容并包"的办学方针;二是三校有着较为相近的历史背景和办学理念;三是三校都亲历了"五四运动"和"一二·九"运动的洗礼,师生普遍具有较强的政治参与意识和爱国主义精神;四是三校教师中许多人都曾留学欧美国家,受过自由民主思想的熏陶,对大学自治和学术自由的理念深切认同。在以上四个条件的合力之下,西南联大迅速成为"大师云集,人才辈出"的学术重镇,以及抗战时期全国高等教育的中心。西南联大精神至今是我国大学精神史上一座难以逾越的丰碑。

除了西南联大精神,在患难中磨砺且焕发出顽强生命力的还有浙江大学的"求是"精神。浙大校长竺可桢感佩于前线将士抛头颅、洒热血的牺牲精神,激励浙大师生通过精研学术报效祖国,提出"要坚持实事求是精神就必须有为真理而献身的精神",使浙大虽在颠沛流离的状态仍能顽强地生存和延续下来。而由北平大学、北平师范大学、北洋工学院和北平研究院等联合组建的西北联大(后又改组为西北大学),以"公诚勤朴"为校训,倡导学术精神,以复兴民族本位文化为宏旨。值得一提的是,西北联大内迁后大部分师生扎根西北,致力于促进西北地区农业、教育、工业等各项事业的发展,成为西北日后发展的骨干优势力量。[1]

四、改革开放时期创新精神与民族复兴精神碰撞与交汇

新中国成立以后,中国大学在总体架构和设置上仍然延续了民国以来的高等教育模式。但从 1952 年开始,我国教育全方位学习苏联大学模式,对高校则进行了大规模的"院系调整",综合性大学进行学科、院系的裁撤、合并或组合,我国大学的格局发生巨变。教会大学和私立大学撤并,大学全部转为公办,并且只保留了三类院校:一是以基础文科和理科为主的综合大学;

---

〔1〕 参见赖链:"题词",载《西北学术》1943 年第 1 期,扉页。

二是以应用科学为主的理工科大学；三是专业技术学院或师范院校。历史证明，这种高度专业化和专门化的改革思路严重背离了民国以来中国大学的通才教育理念，也破坏了中国几千年来的学术传统和整体知识观。所以，中苏关系恶化以后，院系调整后的格局难以为继。在1961年教育部出台了《中华人民共和国教育部直属高等学校暂行工作条例（草案）》（简称"高教六十条"），以减轻院系调整后的余毒，适当扩大高校的自主性。但随之而来的"文化大革命"不但中断了这种自上而下的改革尝试，也几乎把我国的大学体系破坏殆尽。

1977年高考制度恢复，标志着党和政府对大学开始"拨乱反正"。"拨乱反正"首先要解决的是知识分子的地位问题，全面落实党的知识分子政策。邓小平同志肯定了知识分子是工人阶级的一部分，并亲自部署恢复整顿教育秩序、提高教育质量的工作，要求在全社会营造出"尊重知识，尊重人才"的良好氛围。

其次，高校的自主权问题也亟待解决。通过出台《中共中央关于教育体制改革的决定》（1985），党中央明确提出社会主义建设必须依靠教育，教育必须适应社会主义现代化建设的总体改革方向，并通过改革教育体制，简政放权来发挥高校的潜力和活力。随着政府逐步采取增加教育投入、改革高校的招生制度和毕业生分配制度、扩大高校的办学自主权等措施，大学的自主权逐渐明晰。在1998年《中华人民共和国高等教育法》中，大学的法人资格首次得到确认。

再次，"拨乱反正"还要解决教育质量的评价标准和人才观的问题。必须针对知识专门化、过度专业化、教学和研究分离的苏联模式进行全面的改革，高校通过恢复学分制、学位制等夯实学生的理论基础，拓宽其知识结构。为转变传统的人才观，我国政府提出了要"培养德才兼备、既会做人又会做事、既具有科学素质又具有人文素质和创新精神的高素质人才"的素质教育观。为了落实素质教育观，就必须对人才培养模式进行改革。而后为了通过改革大学的课程体系来落实素质教育理念，教育部从1995年起在52所高校启动了"加强大学生文化素质教育"的试点工作。

最后，还要解决高等教育的受众面问题。高等教育的大众化既是国际高等教育发展的大势所趋，又是我国民众教育民主化推动的结果。经过30多年的努力，到 2010 年我国高校在校生已达到 3105 万人，高校毛入学率为26.5%。[1] 基本实现了高等教育的大众化。

任何国家高等教育的改革都是以思想观念的变革为先导的，而价值观念的改变是贯彻整个改革的主线。我国高等教育实现了从改革开放初期的人才培养以经济建设为中心、社会本位的国家主义和精英主义高等教育价值观，到以人为本、重视人的全面发展的可持续发展大众主义价值观的转变。高等教育理念的嬗变，不仅说明我们对高等教育规律的认识逐渐深入，而且说明高等教育改革的影响因素是多方面的，包括经济、政治、文化和科技等。其中，以市场取向为主的经济体制改革是基础动力，以开放为特征的社会文化变迁是改革的催化动力，以民主取向为主的政治体制改革是直接动力，以科技发展为特征的知识生产则是核心动力。这四大动力合力催生了中国高等教育大众化，为之后的高等教育普及吹响了号角。至此，大学的"拨乱反正"任务基本完成。

20 世纪 80 年代是各种外来思潮与传统主流价值观大碰撞的时代，是人们的思想观念大激荡大解放的时代。此时的大学逐渐进入公众视野，大学精神和大学文化的价值日益凸显。北大学生在新中国成立 35 周年首都群众大游行中举出横幅——"小平您好"，折射出大学生对改革开放的强烈共鸣。而以大学的教师为主的知识精英们更热衷于思想启蒙和精神解放，他们或著书立说，或演讲授课以推介他们的学说和理论。启蒙和解放是 80 年代"启蒙运动"的两大主题，科学主义和人文主义是两面旗帜，当时的启蒙学者群体的思想影响了整整一代大学生，使 20 世纪 80 年代的大学校园洋溢着浓厚的理想主义气息。而伴随着"实践是检验真理的唯一标准"大讨论，改革、开放、创新、独立的时代精神与中华民族复兴自强的愿望交织在一起，融汇出一种追求真理、崇尚创新、关注现实、勇于批判的大学精神。

20 世纪 90 年代以来，顺应高等教育大众化的国际潮流，中国大学不断改革，锐意进取。人们开始反思：几十年来，我国教育培养"社会主义的建设者和接班人"因过于强调教育的经济和政治功能，导致大学教育呈现出浓厚的工具主义倾向。1995 年，教育部以"培养什么人"为突破口，以人文素质

［1］《2010 年全国教育事业发展统计公报》，载教育部网站，http://www.moe.gov.cn/sncsite/A03/s180/moe_ 633/201203/t20120321_ 132634.html，最后访问时间：2016 年 12 月 20 日。

为核心，以通才教育为主线，决定在全国 52 所高校进行文化素质教育试点。此后，素质教育的理念因与美国大学通识教育接近，一些实力较强的综合性大学便开始模仿美国在大学教育中推行通识教育模式，希冀通过此种模式培养具有现代意识和完全人格的国家公民。北京大学、复旦大学、中山大学的通识教育课程均不同程度地借鉴了美国大学的核心课程模式。其中复旦大学的核心课程是该校本科生的必修课，旨在传递以科学与人文精神为核心的文化遗产。复旦大学对完全人格和独立精神的推崇，常被外界归纳为"自由而无用的灵魂"。可以说，没有"独立之精神"伫立的头脑是迟缓的，没有"自由之精神"充盈的心灵是苍白的。复旦的这种"自由而无用"恰恰超越了个体关注小我而转向关注他人、社会和历史的格局定位，超越物质、功利之用而转向关注精神价值和精神生活，彰显出大学教育的丰富意蕴。

　　素质教育也好，通识教育也罢，都指向大学精神的建构——通过课程理念的变革和课程体系的改革来实现通识教育的目标。大学教育从仅仅关照头脑转向关照心灵；理性与德性、真理与正义于一个全面发展的人同样不可或缺。大学教育的本质是育人，大学培养出来的人"应该能够引领时代潮流，成为社会中坚，各项全面发展，能为道德楷模的精神贵族"。20 世纪 90 年代以来的素质教育和通识教育的实践，是我国大学理念和大学精神与国际一流大学接轨和对话的有益尝试，也是开拓视野、追求卓越的自我提升，从而使其培养的人才既能传承历史文化，又有能力担纲中华民族的崛起和伟大复兴。

大学精神育人的理论基础

要充分证明大学精神在道德教育中的地位和作用，我们最好拥有一种多学科的视野，并把大学精神和大学文化置于某种历史的框架中进行学理的分析。大学本身在过去的 100 年内急剧扩张，规模也在急剧膨胀。遗憾的是，对大学精神如何育人的探究，即大学精神育人的理论探讨和模型建构尚处于初级阶段。无怪乎伯顿·克拉克感叹："我们需要了解的东西已呈几何级数增加……（但我们）没有办法减少不断增长的复杂性，因为任何人无法控制经验的世界。"〔1〕作为一种系统研究的初步尝试，本章试图从社会学、教育学、哲学等学科的经典理论中寻找大学精神育人研究的理论依据。

第一节　社会学视域下文化的功用

社会学是文化研究和德育研究重要的学科依据，也是研究视角之一。自从社会学成为独立的学科以来，社会学家就注意到文化变迁与道德内容、道德秩序变化之间的关系，并把道德教育的研究作为社会学的重要论域。在社会学产生之初，涂尔干就认定"道德是一切社会秩序的基础"，并围绕这一中心论点展开了社会学理论的创建研究。

涂尔干以降，经典社会学采取结构功能主义的研究范式，他们用理性批判旧的社会生活和道德秩序，寻绎社会变迁、文化变迁与道德发展之间的内在关系，致力于构建新的道德规范和道德生活以维持社会的稳定发展。道德

---

〔1〕 ［美］伯顿·克拉克主编：《高等教育新论——多学科的研究》，王承绪等译，浙江教育出版社 2001 年版，第 1~2 页。

作为文化的一部分，内在地要求学校教育将道德教育的内容囊括进去。因为德育的作用在于培养内在德性，而"它们一旦被创造出来，就会使自己轻而易举地适应特殊的人类生活环境"〔1〕，社会的道德规范通过内化为个体的德性，来约束和确定人的行为并使之合乎社会环境的需要。这样，道德的双重属性——社会性和个体性就产生了。纵观20世纪以来西方社会学的运演轨迹，无论是结构功能主义的经典社会学，还是以反思和解构为主要特征的后现代社会学，无不聚焦于社会生活与道德生活之间的关系，聚焦于道德的社会功用和效能，以及个体道德社会化的社会机制研究，从而为道德教育的背景和动因提供社会学阐释。

同时，在社会科学的跨学科研究日渐盛行的今天，大学文化和大学精神的德育价值研究自然也离不开社会学的观照。本研究将以社会学作为理论参照，希冀从文化社会学、知识社会学的研究成果中汲取灵感，探寻大学精神育人的理论基础。

一、马林诺夫斯基：文化必须满足人类的需求

对于社会人类学家来说，文化就是人们生产和生活方式的总和。人类学对文化的定义是："一个社会共享的和通过社会传播的思想、价值观以及感知——被用来使经验具备意义、产生行为并被反映在该行为中。"〔2〕文化人类学主要解决三个问题：文化在人类社会生活中发挥了什么作用？文化如何满足人类的需要？文化如何保障社会整体和谐有序地运转？

马林诺夫斯基的社会人类学理论被称为"功能主义"，是因为他认为文化首先是满足人类需要的工具。他认为文化是一套工具和风俗，它通常在共同的象征符号（通常是语言）基础之上被习得和被分享。文化的作用在于，文化同时能够满足个体和社会的需要，且在两者之间起着承接的作用。每一个体和社会都笼罩在一种文化下，遂成为一个整体。因为人们生长在一种文化中，通过耳濡目染而习得这种文化。同时，文化在代代相传的濡化过程中让每个人学会了用社会认可的方式来满足自己的需求。马林诺夫斯基进一步指

---

〔1〕　〔法〕爱弥尔·涂尔干：《道德教育》，陈光金等译，上海人民出版社2006年版，第19页。

〔2〕　〔美〕威廉 A. 哈维兰等：《文化人类学——人类的挑战》，陈相超等译，机械工业出版社2014年版，第11页。

出,文化作为一种共享的思想、价值、观念和行为标准,使社会成员之间、社会不同群体之间的沟通得以可能。但是文化不是一成不变的,随着社会的发展,新的文化因素将在旧有文化与社会和个人之间的矛盾中产生。

马林洛夫斯基的另一个重要的概念是"文化迫力"。什么是文化迫力?人类有机的需要形成一种"文化迫力",生物性的繁衍和安全的需要形成基本的文化迫力,它保障一切社会的生存、团结和文化绵延,同时文化迫力也会带来个人本能和社会需要之间的矛盾。为了解决这一矛盾,还需要一种整合的力量去消解人与社会的矛盾,这样就产生了包括宗教、艺术、知识和信仰等在内的"思想及道德完整的综合迫力"。

基于文化功能主义的"文化必须有效地解决人类的基本挑战才能够存在"的基本观点,文化可以满足人类不同层次的需要,并维持社会与个人的和谐发展。马林诺夫斯基的继承者进一步发展了功能主义理论。后续的功能主义社会学家认为,文化是一个由三大部分组成的有序整体:基础结构、社会结构和上层建筑。基础结构满足人类生产实践的需要;社会结构满足社会成员结合在一起的需要,涉及的是受规则制约的、包含权利和义务关系的社会组织;而上层建筑是指把社会成员结合在一起的价值观念系统,"这些观念、信仰和准则使得社会成员为形态、机遇和挑战所组成的世界赋予意义并理解他们在其中的位置……上层建筑组成了人们全部对自身的认识和与之相关的一切"[1]。基础结构、社会结构和上层建筑三者相互影响,共同适应和满足不同社会中人们的需求。功能主义认为,文化的三大结构分别对应的文化功能包括:一是生存的功能,文化必须解决生物性的本能需求,如食物和繁衍的需要;二是发展的功能,文化必须解决工具性的实用需求,如教育和法律的需要;三是整合的功能,文化必须解决整合性的总体需求,如宗教和艺术的需要。

从人类学的意义上来说,"没有一个人比其他人显得'更有文化'",这要求我们不能带着"有色眼镜"去看待不同的文化。换言之,文化好坏的标准只有一个:文化是否能有效地满足特定社会中人们的大部分需求并使之持久地幸福生活?好的文化能够很好地满足人们物质的、社会的和心理的需要,从而避免出现较多的暴力、违法犯罪和情绪不良带来的失范行为,使整个社

---

〔1〕〔美〕威廉 A. 哈维兰等:《文化人类学——人类的挑战》,陈相超等译,机械工业出版社2014 年版,第 33~34 页。

会处于一种健康运转的稳定状态。文化通过影响人来发生作用，除了我们前面提及的"文化迫力"之外，还需要一个文化内化的过程。因为那些在良好文化中接受熏陶的社会成员通才会更清楚什么是好的或坏的行为，文化通过内化为社会成员的信仰和世界观，并影响人的行为。文化内化的过程，从社会控制论的角度来说属于文化控制（cultural control）——文化中的文化精神浸入主体的意识领域，潜移默化成主体的世界观、价值观和人生观，并通过潜意识调控人的精神面貌。文化控制发生的机制是通过习俗、道德规范、宗教和法律等影响人的行为方式和生活方式。但是，文化控制下的人们更倾向于被某种人道主义的精神所激发，从而做出更多互惠、利他的行为，以契合根植于内心的理念和价值观，就像虔诚的基督徒因害怕神的惩罚而避免犯罪一样。有人甚至认为，社会控制本质上就是文化控制。[1]关于社会控制理论将在下一节帕森斯的理论中详细展开。

功能主义文化人类学开创了从需要的角度研究文化的先河。由于功能主义过于强调社会需要而忽视个体的主观能动性，人类学研究领域在此基础上又发展出了一个分支——功能学派，代表人物是拉德克里夫·布朗（Alfred Radcliffe-Brown）。布朗将文化看成一个整合的系统，在这个系统中，文化的每一个因素都扮演着特定的角色，承担着某种特定的功能。[2]布朗功能论的核心概念是"结构"和"功能"，他更侧重于将文化视为一个整体，强调的是社会结构的平衡和人与文化对该结构的适应。布朗认为文化的各种要素都会在系统中发挥一定的功能，但各要素之间的关系才是研究的重点，除此之外，还要重点对不同文化之间的异同做出比较研究。

文化人类学的功能主义理论为我们研究大学精神、优化道德教育实践提供了重要的理论基础。文化是基于人类需要所产生的，这一观点为道德教育体系的构建和优化提供了全新的研究视角。更为重要的是，运用社会整体结构的模式来理解大学精神的价值，为道德文化体系的整体创新奠定了理论基础。大学精神作为一种文化精神不是虚无缥缈的意识产物，而是根植于人类发展和个体需要的客观实在。大学作为一种工具性的存在是满足人类生产和

---

〔1〕 参见周勇："社会控制文化论略"，载《湖南师范大学社会科学学报》2014 年第 5 期。
〔2〕 参见范宇、庞倩华："功能主义人类学的创立及其作用"，载《黑龙江民族丛刊》2007 年第 1 期。

发展知识需要的产物，而大学文化和大学精神作为大学里重要的文化要素，能够同时满足个体的发展需要和群体的发展需要，也对应着知识发展的功能、育人的功能和社会服务的功能。这些文化特质都是在特定的历史阶段凝结而成并被证明为切实有效的文化要素。

我们研究大学文化和大学精神更应打破单纯的历时性研究的藩篱，启用一种文化整体观视角下的共时性研究方法，把大学精神作为一个文化元素放入社会整体的分析框架中，去研究它扮演了何种角色，去观察它与其他文化要素之间如何发生作用，进而衡量它的效用和价值。而大学作为一种历时性的存在又是不争的事实，大学的功能因社会的需要而变化，它的内部文化因外部文化和大学功能的变化而变迁，这些变化的内在机理和运行机制也是大学精神研究的重点。

功能主义还启示我们：大学文化是介于第二层工具性需要（教育需要）和第三层整合性需要之间的一种文化。大学精神作为大学文化的一部分，它的功能在于：通过文化内化，大学精神成为大学师生普遍认可和接受的价值体系和规范体系。大学精神的作用至少体现在以下三个方面：一是大学精神对大学发展起到指向和引领作用；二是它对大学人的行为和思维方式起着规范与约束的作用；三是大学精神以其特有的力量凝聚和激励大学人为一些共同的目标而奋斗，从而推动大学的持续发展。换言之，大学精神保障了大学顺利完成它被不同社会和历史时期赋予的社会功能。大学精神在文化迫力的影响下，作为文化的产物与时代精神持续融合，使大学成为人类文化传承和创新的主要发生地和文化精神的培育基地。由此也就不难理解"先有哈佛，后有美利坚"所隐含的价值意蕴，以及人们缘何对大学精神的价值是如此着迷和认同。

二、帕森斯：价值观变化是社会变迁的首要动因

作为结构功能主义的集大成者，美国社会学家塔尔科特·帕森斯（Talcott Parsons，1902~1979）将经典社会学理论发展至巅峰。帕森斯曾是马林诺夫斯基和马克斯·韦伯的学生。为了找出社会发展的动因，他兼收并蓄，集成了两位大师的理论精髓。他用跨学科的方法重塑了社会学的分析框架，并用结构–功能的研究范式阐释了美国社会。帕森斯的结构功能理论旨在为现代社

会构建一套共享的价值规范系统，借此让社会各个群体之间团结起来。帕森斯理论系统中的社会行动理论包括控制理论、道德共识理论以及教育革命理论，这些对大学精神育人研究都有重要的理论借鉴意义。

关于社会行动理论的逻辑和动因，帕森斯跳出 20 世纪以前的思想家所划定的框架：由单一的遗传决定论、环境决定论和经济决定论所组建的社会行动逻辑，进而转向了系统论的研究。社会行动理论要论证的一个基本观点是：社会行动结构的动因存在于社会各结构——人格结构、文化结构和社会结构之间的关系中。它们之间相互支持和影响，进行着功能交换，并通过把文化系统和人格系统整合进社会系统的方式来维持社会的稳定运行。整合存在两种机制：社会化机制和社会控制机制。前者通过文化内化来影响人格系统，进而制约社会的需求结构；而后者主要是通过文化系统中的价值观调控来实现社会系统的平衡。帕森斯还提出，社会是由基本的价值体系决定的，社会变迁很大程度上取决于文化取向的价值变迁，所以价值观变化才是社会变迁的首要动力。虽然一个社会可能存在卡里斯玛型的领袖人物，但文化系统才是整个社会的最高控制系统。

文化如何展现它的社会控制力呢？帕森斯吸收了涂尔干的"集体良知"和弗洛伊德的"超我"概念，创造出"道德良知"的概念。道德良知是文化产生对人的控制力的基础。他解释说，价值系统之所以能够作用于个人，是因为文化价值代代相传，即"濡化"。家庭或社会在个体的孩童时期就教给了他们社会基本的价值观，使他们对某种价值体系产生了认可并服从，并通过惩罚等手段内化成了个体的价值观。所以说，"人们并不是非要遵守其社会的价值观和规范，但他们发现遵守规范，不仅对自己而且对他人都是最好的方式。"[1]这样，帕森斯就将社会行动动因从心理层面和社会层面有机结合起来了，从而完成了社会控制理论的核心论证。

帕森斯继承了西方规范社会学的一个基本价值判断，也即以涂尔干为代表的实证主义社会学家苦心孤诣求证的基本命题：社会应该建立在一种共同的道德秩序上。帕森斯作为一个结构主义者更为关注的核心问题是：社会建立一种共同的道德秩序何以可能？这是帕森斯凝聚共识理论的基本预设。帕

---

〔1〕　〔美〕兰德尔·柯林斯、迈克尔·马科夫斯基：《发现社会——西方社会学思想述评（第八版）》，李霞译，商务印书馆 2014 年版，第 195 页。

森斯认为文化系统能发生作用的前提是整个社会取得的共识。凝聚共识是指意识在渐趋同化的过程中,已获得的价值认识与新接受的观念不断进行内化重组,成为一个新的统一整体,并在行动中调节和支配人的行动。凝聚共识的过程不是对个体展现外在的强制力,而是通过道德情感的内化促成个体自然而然地外化为道德行为。在道德共识建构中需要一个核心概念体系作为支撑,即形成一个共同的价值观念体系作为道德行为的参考标准或价值规范,个体依据这些价值和标准来评析自己的行为。因此,道德秩序的维护离不开组织结构、社会背景和文化传统等要素的支持。

帕森斯在社会控制论和道德共识论的基础上又提出了教育革命理论,以此来解释美国社会文化的变迁和美国大学结构功能的变化,他运用的仍然是结构与功能主义的研究范式。他用知识社会学理论研究了学生社会化、大学功能和大学核心价值等问题,进而阐释美国高等教育领域的变革与价值观变迁之间的耦合。帕森斯认为,教育革命加速了美国高等教育的大众化进程,使美国大学一跃成为现代大学的典范,并使大学成为美国社会系统的核心之一。这种现象的原因就在于教育革命促使美国社会的基本价值和社会结构具有了某种同构性,也使现代大学与现代职业结构具有了同构性。

另外,美国大学模式以认知合理性的价值观发展为逻辑,在客观上促进了美国大学的繁荣,并使美国现代职业和知识阶层兴起。同时,高等教育大众化引发了公民权内涵的延展——即在法律、政治公民权的基础上发展出了"文化公民权"(cultural citizenship)。换言之,美国大学因文化公民权的延伸而不得不承担训练"美国公民"的职能。但文化公民权的衍生也给美国社会结构变革和美国社会共同体建设带来了新的挑战。美国 20 世纪 60 年代出现"学生运动潮"就验证了这一点。归根结底,美国社会结构的变迁就在于美国社会的核心价值——工具能动主义(instrumental activism)与现代大学的核心价值——认知合理性(cognitive rationality)产生了冲突和抵牾。[1]

帕森斯沿用 AGIL 研究范式分析出美国大学的四项功能:通识教育功能(A)、职业教育功能(G)、知识分子的培养功能(I)以及科学研究与研究生教育功能(L)。四项功能在平衡运行的状态下共同生产出三类产品:人力资

---

〔1〕 See Talcote Parsons, Cerald M. Platt, *The American University*, Cambridge:Harvard University Press, 1973, p. 33.

源、价值承诺和对权威的认可。这些产品对美国社会共同体的建设至关重要。帕森斯强调，一所真正意义上的大学应当秉持认知合理性的价值观，在自我道德责任感的召唤下，以探究和传递知识为使命。同时，大学作为社会信托子系统，与社会很多系统之间的关系是一种受托—委托关系，因此对大学的约束应该以内部问责制为主。这也是大学坚持学术自由和大学自治的理论基础。帕森斯因此反对把大学变成职业训练所的观点和做法，他认为克拉克·克尔（Clark Kerr）所谓"大学是社会服务站"的看法，无异于在"阉割大学里认知合理性的价值观并最终可能导致综合性大学的解体"。帕森斯和他的学生普莱特还指出，将认知合理性价值观制度化的结果是美国现代大学制度的建立。大学成为输出人力资源、价值观和意识形态的主要机构，自然也就成为现代社会结构整合的主要力量。当然，我们也应看到，认知合理性价值观对大学的统治并非完美无瑕。哈贝马斯就曾指出，把认知合理性的价值观推向极端也有可能奴役人的精神，因此还应该让它受到交往合理性的约束。[1]正所谓"大学之道，在止于至善"，认知的合理性最终应建立在人类发展需要的基础上。"为了知识而知识"因忽视了知识的工具性价值而有可能导致知识的另一种"异化"。

　　帕森斯的理论体系庞大，对我们开展大学精神研究和道德教育的理论借鉴意义是多方面的。首先，大学的理性传统和知识功能决定了大学的认知合理性价值观应该占主导地位，这也论证了大学自治精神和学术自由精神的合法性来源。大学作为社会结构中的子信托系统，它生产的产品是人、价值观和意识形态，后两者均属于文化的范畴。用帕森斯的理论来解释大学育人的过程，就是通过知识和技能的传授，把价值观和意识形态整合成一定的文化结构，并使其内化到大学生的人格结构和人格系统中，从而造就既有完善主体人格又符合国家期待的社会公民。申言之，挖掘大学精神文化的现实价值就在于，引导大学生形成相近的价值观念，凝聚道德共识，从而为建立共同的意识形态和建构民族精神共同体奠定基础。

　　其次，将社会控制论中文化价值的理论应用到大学精神育人的过程分析上，可以解释这种价值系统的独特之处在于：它通过文化潜移默化为人的价值

---

〔1〕　参见展立新："西方高等教育理论一次深刻的社会学总结——评 T. 帕森斯和 G. M. 普莱特的《美国综合性大学》"，载《北京大学教育评论》2008 年第 4 期。

行为，且文化对社会控制的影响深度和广度较之别的因素（经济或制度）更大，大学精神作为一种价值系统，是提升道德教育活动的教化功能的优秀资源。

最后，运用社会行动理论对大学生社会行为的影响因素进行定性分析，可以为大学精神育人的实践路径提供理论依据。帕森斯启发我们：要关注道德发展的主体性需求对道德行为的影响，更要关注社会道德总体状况对大学德育环境建设的影响。道德共识理论为大学文化体系建构的路径和大学精神育人如何优化提供了方法论。帕森斯的唯意志行动理论强调维护社会秩序很大程度上取决于社会成员的共同价值观念，这也回答了大学为何要育人和如何育人，由此为我国大学精神育人的具体目标和终极目的指明了方向。

三、布迪厄：教育是重要的文化资本再生产场域

布迪厄是法国当代社会学的重要理论家。他将马克思主义的阶级社会理论和文化分析理论相结合，创立了著名的文化资本理论。文化资本是指包括物质财富在内的知识、趣味和感受力等，它通过家庭背景和社会教育而获得，客观上决定和构成了一个人的社会地位和权力。文化资本运用资本、符号暴力、区隔、误认、场域等概念，对现代资本主义社会的资本积累和阶级再生产活动进行分析和阐释，指出不同的阶级和阶层具有不同的文化资本，不同阶层的冲突表现为不同文化的冲突。它触及的是表面公平的资本主义社会经济、政治和文化制度，也为我们从文化角度来研究阶层、阶级关系提供了新的理论视角。

场域（field）是布迪厄理论体系中的核心概念之一。他认为场域是组成现代社会的基本单位，但每个场域都有自身发展的逻辑和自主性。不同于结构功能主义者强调结构的特性和独立性，布迪厄都是从关系的角度展开研究和思考，而关系就是场域的本质属性，它依靠权力关系来维持。布迪厄的"资本"同义于权力，指的是一种政治性、社会性、经济性或者文化性的影响力。只有在一种场域中，一种资本才得以存在并发挥作用。这种资本赋予了支配该场域的人以特定的权力。

场域论的核心观点是：场域是社会成员运用竞争和策略参与社会生活的场所，竞争的胜利者将获得更多的价值，如果这些价值与特定的市场相联系，它们就可以转换为符号商品——"符号暴力"。不同的场域是在社会分化和自

主化的过程中形成的。自主化程度高的场域（如科学），它的语言科学性更强，并且一般遵循"是非"的逻辑；而自主化程度较低的场域（如政治）则遵循"敌友"逻辑而非知识的逻辑。

布迪厄还根据场域分化的程度对不同的社会进行区分：无分化的社会称为传统社会，高度分化的社会称为现代社会，而以逆分化和分融为特征的社会称为后现代社会。后现代社会的场域自主化程度最高。各个场域通过整合形成一个有机的整体，共同来承担社会的各项职能。较之于以往主客二分的结构功能理论，布迪厄充分地把部分和个体融入整体和结构当中，强调场域中的主观和客观的共融性。布迪厄的场域理论具有划时代意义的原因在于：他强调的不是结构而是关系，因为他认为结构是封闭的、僵硬的，而场域是开放和动态的。这说明他对各场域的独立地位和独立价值的特别关注。可以说，布迪厄的场域理论超越了传统社会学的个体与结构对立、主观与客观二分的研究范式，是后现代主义社会学研究的典范。

场域理论中还有一个非常重要的概念：惯习（habitus）。惯习不同于黑格尔的精神（ethos）、胡塞尔的习惯性（habitualität）或莫斯的素性（hexis）。惯习指的是一种开放的性情倾向系统，是"知觉、评价和行动的分类图式构成的系统……它来自于社会制度，又寄居在身体之中。"[1]同一个阶级或阶层的很多人的惯习具有结构上的亲和性，这是阶级聚合的基础，也是群体意识的来源之一。惯习和场域具有两方面的关系：一是相互制约的关系，前者是后者的必然属性，同时后者形塑了前者；二是建构与被建构的关系，惯习赋予场域以感觉、价值和意义，而后者为这些要素提供了交融和共生的场所。布迪厄把场域中人们对资本的竞逐比作游戏，当惯习遭遇了产生它的那个场域小世界，就可以让人如鱼得水、得心应手。惯习的概念颠覆了主客对立的认识论，实现了海德格尔和梅洛·庞蒂所谓的"在行动者和社会世界之间，形成了一种真正本体论意义上的契合"。[2]

布迪厄使用场域理论作为分析工具，对高等教育系统和机构进行了深入的分析，以还原教育的社会政治背景和揭示大学的本来面目。布迪厄和他的

---

〔1〕　［法］皮埃尔·布迪厄、［美］华康德：《实践与反思——反思社会学导引》，李猛、李康译，中央编译出版社 1998 年版，第 171 页。

〔2〕　［法］皮埃尔·布迪厄、［美］华康德：《实践与反思——反思社会学导引》，李猛、李康译，中央编译出版社 1998 年版，第 172 页。

学生还对法国的高等教育展开了大量的定量和定性研究。最后他得出结论：教育行动、教育工作、教育权威和教育系统所构建的教育场域，实际上共同完成了使社会分层的神圣化任务。教育生产了符合某些集团或阶级文化专断性原则的实践者，从而也生产了社会结构本身。教育的特性是既独立又依附，相对于政治或社会权力它有其自身的逻辑和延续性；但是这种独立是依附前提下的独立，它对权力场域的依附虽被"掩饰"却是利害攸关的。例如在名牌大学这个场域，精英之所以成为精英，一方面是因为他们从家庭中继承了优势的文化资本，另一方面是他们的惯习与该场域的类型非常契合，使他们更有可能获得较多的文化资本和符号权力。换言之，教育场域和权力场域的等级同型性让一部分人（集团或阶层）更有可能利用文化资本来维护其政治和社会权力地位。

另外，布迪厄在运用文化资本理论考察知识分子的阶级属性时，将他们称为"统治阶级中的被统治者"。这一方面是由于知识分子掌握了一定专断文化的资本，另一方面也由于他们解释了文化专断原则背后是被强加的合法性权利，因此，知识分子阶级服务于为之再生产文化专断的那些阶级和利益集团就成为必然选择了。通过对高等教育的以上两点分析，布迪厄要求对高等教育的社会学本质进行彻底的"除魅"。

当然，我们不能否认高等教育在促使阶层流动上的积极意义。这一点布迪厄也不得不承认，高等教育具有高度的自治性和清晰的内部区分。清晰的内部区分是教育作为权力场域所需要的特殊的经济和文化资本所决定的，也使大学能够通过承认和奖励不同类型的知识分子即社会精英分子的方式来消除权力形式之间的内部冲突，从而达到缓和社会矛盾的目的。

布迪厄的文化资本和场域理论对本研究更多的是认识论和方法论意义上的启示。他用一种"惯习和场域之间被建构的关系"取代了"行动者和结构之间似是而非的表面惯习"，因而被称之为反思的社会学。而他所阐释的实践的逻辑对社会实践更具有解释学的意义。对大学精神育人研究来说，布迪厄的理论启示我们在研究时应把大学当作一个特定的场域，大学精神作为主要场域优势的文化资本，理应得到大学师生的追逐和认同，以帮助完成自我的身份认同。

布迪厄对本研究的启示还在于，要从社会学的视角揭示大学文化再生产和社会再生产的本质，才能揭示大学在现代社会占据重要地位的缘由。我们探讨中国大学精神失落和构建的问题，需要深入地考察大学这一组织形式和大学精神如何演变，大学的各种角色在德育这个教育子场域中的关系如何安排，以及大学德育和大学精神的现实困境等诸多的具体问题，我们才能构建有助于提高大学德育实效性的大学精神框架和内容。大学精神作为大学文化的核心内容，对大学这个教育场域既是一种文化资本，又是地位群体的核心聚合力。对于不同类型的大学而言，我们需要对不同层次的大学精神做进一步的精分，更需要仔细地区分哪些大学精神契合于哪一类大学，以及哪种地位群体的惯习，从而避免大学精神的研究陷入一种唯理主义的陷阱，使大学精神真正地成为一种"实践的智慧"。最后，面对大学精神理论研究和德育实践这两种不同的范式，我们需要思考和解决的问题是：两者之间是什么关系？是否同属于一种发展逻辑？大学精神育人在实践中是否可行？我们要构建的，应该是一种既符合大学精神实质又蕴含德育实践逻辑的育人模式。

第二节　教化与涵养——教育学视域下品性的生成

一、涂尔干：道德教育的任务在于使人社会化

作为与卡尔·马克思和马克斯·韦伯齐名的社会学三大奠基人之一，涂尔干（Émile Durkheim）首次将"社会事实"作为社会学的研究对象。道德就是一种社会事实，而社会事实是"与整个世界体系密切相关的实在化的事实体系"[1]，因此道德研究自然就成为社会学研究的重要领域。在涂尔干生活的时代，康德的"道德先验主义"和"普遍主义"几乎一统天下，涂尔干却另辟蹊径，把实证研究的社会学方法引入道德研究领域，从而开创了科学主义道德教育研究的先河。

19世纪后半叶的法国经历了大革命和宗教社会瓦解的考验。在从传统社会向工业社会转变的过程中，社会危机、人们的精神危机伴随经济危机一触即发。为寻找治愈社会危机"病根"的良方，涂尔干从研究社会分工入手，以探究个人人格与社会团结的关系作为起点，对社会问题展开了深入思考和

---

〔1〕［法］埃米尔·涂尔干：《社会分工论》，渠东译，生活·读书·新知三联书店2000年版，序第9页。

系统的研究。最后他得出的结论是：宗教式微、传统道德瓦解、社会道德失范是导致各种冲突和混乱的根本原因。因此，社会学家的任务是重建世俗化的社会道德体系，并使之与社会分工的大背景相适应，这是当前社会最迫切的任务。

涂尔干对道德的定义建立在社会实在论的基础之上，他认为"道德是在历史过程中发展并受到历史动因的制约的，它切实地在我们的生活中发挥作用"〔1〕，因此社会结构的变迁必然带来道德的变化。他通过进一步研究发现，现代经济生活中之所以出现了法律失效和道德失范的现象，主要有三点原因：一是社会解组的危险，二是反常分工对社会团结的破坏，三是极端的个人主义和缺乏价值统一性的职业群体对有机团结构成了威胁。如果要治愈道德失范状态，首先要建立群体，然后建立一套与其相适应的规范体系。涂尔干认为，国家是初级群体，职业群体就是次级群体。而社会分工下的职业群体就是承载国家与个人联接功能的最有效的中介，所以只有通过重建职业群体的职业伦理，才能最终达到重建整个社会秩序和道德规范的目的。至此，涂尔干完成了他重建社会秩序体系的逻辑推演。

涂尔干还仔细研究了社会分工。他设想通过道德教育重塑个人道德，并将社会结构重新落实在职业群体之上，为现代社会的个体道德和职业伦理建设奠定组织基础。通过研究法团发展的历史，涂尔干总结出了职业群体形成的条件：共同的观念、共同的利益、情感和职业。他认为在任何群体形成之时都会产生一种道德原则，这种职业群体的道德力量将会有效遏制个人主义和个人欲望的膨胀，并培植了一种团结起来抵御外界强权的力量。

涂尔干认为，在社会化水平和文明程度越高的社会，人们就越向往过一种共同的道德生活。这是因为"任何集体都散发着温暖，它催动着每一个人，为每一个人提供了生机勃勃的生活，它使每一个人充满同情，使每个人的私心杂念渐渐化解"〔2〕。这也是他把牺牲精神归结为一种社会依恋的原因之一。社会分工是职业群体的基础，也正是在社会正常分工的前提下，建立新的社会秩序和道德规范成为必要的并且是可能的。简而言之，分工是社会团结的

---

〔1〕［法］埃米尔·涂尔干：《社会分工论》，渠东译，生活·读书·新知三联书店 2000 年版，序第 7 页。

〔2〕［法］埃米尔·涂尔干：《社会分工论》，渠东译，生活·读书·新知三联书店 2000 年版，序二第 39 页。

基础，也是道德社会的基础。

与其他激烈的社会改革家不同，涂尔干的社会分工理论建立在他的改良主义基础上。卡尔·马克思看到了社会分工引起阶级的产生和社会矛盾激化的一面，并且预测社会分工消除之日就是阶级消灭之时。托克维尔也反对社会分工，认为分工会带来人的单向度发展和社会的停滞。而涂尔干的研究思路正好相反，他观察到社会分工对人类在社会发展中的必然性和积极性。他用功能主义的分析方法考察了社会分工的进化及其社会功能，认为社会分工导致了各领域的专业化趋势，这不仅有利于提高社会生产的总效率，而且有利于社会的有机团结。同时，社会分工也带来了道德层次的多样性和道德内容的丰富性。涂尔干发现，社会失范并非社会分工本身造成的，而是病态的社会分工或分工不当所导致的。

涂尔干建立职业群体和职业道德的目的，是为了重建社会道德共同体。那么，如何重建社会道德共同体意识呢？答案是道德教育。涂尔干认为，道德蕴含了三个基本要素：纪律精神、牺牲精神和自主精神。道德教育的最好场所是学校，最佳的年龄是学龄期。与教育的普遍主义不同的是，涂尔干坚持教育学理论的社会倾向。涂尔干认为教育的目标是帮助个人完成社会化，只有完成社会化的个人才能更好地适应他所处社会和特定的环境。教育的终极目的无他，最终是为了民族和国家的利益。教育作为一种社会事实，是特定国家和民族文明的产物，它只能根据这种文明所蕴涵的人的理想类型来塑造人。所以说斯巴达的教育是为了斯巴达人城邦的文明，而雅典的教育也是一种适应于雅典城邦的文明。涂尔干以此来驳斥古典教育哲学那种普遍主义和自由主义的教育观。道德教育应该从哲学家纯粹思辨的癖好和想象的普遍法则中走出来，变成现实的和有效的社会行动，使之成为改善国民道德的工具和途径。所以保罗·福孔奈这样评价涂尔干的教育学理论："它既不是指教育活动本身，也不是指带有思辨色彩的教育科学。而是后者对前者所作出的系统反应，是用心理学和社会学的成果去寻求行动原则或教育改革原则的反思性工作。这样构想出来的教育学，是一种不带有乌托邦色彩的观念论的教育学。"

涂尔干的学术思考几乎遍及所有的社会实质性领域，他在教育学上的开拓性贡献也是可圈可点，因此被称为教育社会学的"开山鼻祖"。他创造了一个运用社会学方法对教育历史和现实展开历史分析和实证研究的全新范式。

涂尔干认为，教育是包含各种仪轨和制度的体系。他对教育的定义有很强的社会学意味——"教育是年长的一代对尚未为社会生活做好准备的一代所施加的影响"。[1]在社会高度分工的文明社会，教育也趋于多样性和专业化。但无论何种教育形式和类型，都应该把民族的精神作为共同的基础，涂尔干把它称之为"每个民族特定的观念、情感和实践"[2]。每个社会都会树立某种人的理想，而教育的目的就是"唤醒"受教育者特定的身心状态，并树立起这种共同的理想，这是他反复强调的社会同质性的基础所在。在涂尔干看来，只有这种教育才称得上是真正的教育。

涂尔干还研究了教育对个人和国家的作用。教育通过社会施加的影响在个体身上建构起了新的存在，让个体获得控制自身的力量，并使每个人可能成为更加完满的人，使其成为一个社会意义上的真正的人。反之，他就会跌至动物的水平。涂尔干还论述过教育与国家的关系：既然教育是满足社会需要的一种手段，它就应该在某种程度上服从国家的需要和指导。换言之，国家负有教育公民的责任。另外，教育对人的影响是潜移默化的，在本质上是一种权威，这种权威的化身就是教师。教师在具体实施着教育的影响，这种权威性并非来源于他的职业而是他内心的信念。在道德世俗化的趋势和背景下，教师发挥了牧师的功能，成为"他所处时代和国家的伟大的道德观念的阐释者"[3]。在此，涂尔干还特地区分了义务权威和理性权威。理性权威告诉人们怎样合乎理性地行动，也正是在理性权威的指导下，人的自由和义务实现了统一。可以说，教育通过涂尔干社会学的阐释而实实在在变成了一门科学。

在涂尔干那里，教育和道德教育是同义语。作为一个经典社会学理论家，他的道德教育思想，是站在挽救社会和民族精神危机的层面上提出来的。这对我们今天研究大学精神具有非常重要的启示：首先，大学精神作为民族精神的重要组成部分，是中华民族在特定历史和环境中积淀下来的观念、情感

---

〔1〕 爱弥尔·涂尔干：《教育思想的演进》，陈光金等译，上海人民出版社 2006 年版，第 235 页。

〔2〕 爱弥尔·涂尔干：《教育思想的演进》，陈光金等译，上海人民出版社 2006 年版，第 234 页。

〔3〕 爱弥尔·涂尔干：《教育思想的演进》，陈光金等译，上海人民出版社 2006 年版，第 247 页。

和实践，理应成为大学教育和德育的资源，成为受教育者内心的民族意识和信念的一部分。大学实施专业和专门教育以发展理性为目标是远远不够的，甚至不能称得上是真正的教育。布卢姆曾批判过于理性的大学："大量的学生身心纯洁地来到了大学，是希望在那里改变他们的无知状态，可问题是，大学非但没能解惑，除去遮蔽真理的阴霾，反而增加了一层雾霭，营造了另一种无知状态——一种假借专业之名的意识形态。"[1]布卢姆批评的正是忽视道德教育和品性养成的美国大学的专业化、专门化趋势，以及20世纪60年代以来美国社会流行的文化虚无主义和相对主义。甚至他直指大学才是导致美国民主失败的"罪魁祸首"。真正的教育就是涂尔干所反复强调的，使人道德完善，获得自我控制的力量和自主发展的能力进而培养出国家的合格公民。

其次，我们不能静止僵化地理解现代大学所张扬的怀疑、批判的理性精神和自由、平等的人文精神。大学精神既是抽象的也是具体的，既是历史的也是时代的。人们应该跳出普遍主义的泥沼，仔细辨别符合时代特征和民族利益的精神范畴，正确地理解那些一般意义上的大学理念。中国大学作为一种组织制度，经过移植和改造，已经成为中国社会结构的有机组成部分并履行了越来越多的职能。而大学精神也经过上百年的融合与中华民族近现代的历史轨迹和时代特征结合在一起，成为民族精神的一部分。毋庸置疑，中国的大学精神所承载的应该是中国大学的灵魂，呼应的是中国当代社会的呼求，指向的是中国自己定义的"理想公民"和"理想人格"。

最后，涂尔干教育学中具体的教育教学方法也给大学精神育人以极大的启发。他对教学中教师角色、教育权威的来源等的论述向我们展示了灌输和潜移默化具有同一性。教师作为理想道德人格的具体化，本身就蕴涵了一种教育精神和道德的力量。教师的身教甚于言传，指的正是德育过程中的潜移默化和德行涵养甚过知识的传授。梅贻琦说，大学者非所谓有大楼，谓有大师也。另外，灌输也非一般意义上不顾主体需要的"填鸭式"输入。因为教育的权威一旦树立起来，学生就感觉不到那种强加于身的感觉，教育的暗示性就自然发挥出来了（涂尔干把这一过程比拟成催眠师的催眠），那么教师运用灌输的手段教育学生就越得心应手。

马克斯·韦伯曾经这样评价涂尔干：他以教育为业，根据自己的限度探

---

〔1〕　[美]艾伦·布卢姆：《美国精神的封闭》，战旭英译，译林出版社2007年版，第89页。

索现代社会生活之可能性。应该从这个意义上来理解涂尔干和他的教育社会学：他正是身体力行地用教育行动来改造他所处时代的社会结构，从而把社会学也变成一种超越乌托邦的社会改革学说。推及我们的这个时代，大学精神只有在大学育人过程中得到践行，才能展示出它真正的价值所在。涂尔干对大学精神育人的启示还在于：首先，育人的目标应切合国家和民族进步的需要。不管是科学精神还是人文精神，具体的指向是当下的知识生产需求和民族文化发展需求。其次，作为大学德育的重要内容，大学精神的培育要与育人的全过程紧密结合起来，渗透到学科教育和日常教育的每个环节。最后教师应在大学精神育人中发挥主导作用。在潜移默化或敦品励行方面，教师的作用最大。这也就意味着，大学精神育人的实践和落地不仅必要，而且可行。

二、赫钦斯：教育的本质是发展人的永恒理性

永恒主义教育哲学思想来源于古典实在论。它主张世界由许多先验的"实在"组成，"实在"构成世界永恒不变的真理。人类也具有一些固定的、永恒的人性，它们是理性、意志和感情。发展人的永恒理性必须通过教育实现。

永恒主义教育形式在西方国家源远流长，最早起源于古希腊时期。柏拉图和亚里士多德在他们的学园实践的，就是所谓的"自由人教育"（education of free men）。"自由人教育"主张教育不是为谋生做准备，而是提供给自由人（与奴隶相对应的叫自由人）一种全面而整体的知识结构，并以发展人的理性为目的。理性的生活才是人最幸福的生活方式。近代以降，受斯宾塞社会进化论、卢梭自然主义、杜威进步主义哲学思想的影响，永恒主义教育的理念进一步丰富和发展。后来的永恒主义教育者认为教育不但要适应不断变化的社会，而且要与人的自然规律和成长相适应，教育方法要顺应变化而发展，教育在本质上就是教育经验不断重组的过程。

永恒主义教育思想家赫钦斯是美国20世纪最重要的大学教育改革家之一，他终身致力于博雅教育（liberal education）的复兴和"经典名著阅读运动"。他相信，人类文明中具有一些永恒的价值，改善和发展人永恒的理性才是教育的最高目的，而这只有通过学习西方文化经典著作中才能获得，因为它们蕴含的价值使人形成永恒的道德和理性。所以大学必须为学生审慎地选

择具有本体价值和人性训练功能的永恒的知识。

20 世纪上半叶，美国受进步主义和民主主义教育思潮的影响，高等教育从精英教育转变为大众教育。与此同时，大学的文化呈现出职业化和娱乐化倾向。而实用主义思想导致人文精神的失落和大学生道德观念的淡漠，教育质量严重滑坡。赫钦斯早在 1913 年就任芝加哥大学校长时，就尖锐地批评过美国大学普遍存在的"反智主义"倾向："学院不是一个大型的运动协会和社会俱乐部……学院是学者的协会，在这种学院里，如果一个人要成为任何团体中全面发展且得到重用的成员，除了那些纯智力的东西之外，学院还提供需要后天培养的品质和能力。"[1]赫钦斯和当时圣约翰大学的校长斯科特·布坎南（Scott Buchanan）、斯沃斯莫尔学院校长弗兰克·艾德洛特（Frank Aydelotte）一起提出"重整美国大学计划"。他们从英国古典大学理念———一种以培养绅士为目的的博雅教育中汲取了灵感，发起了著名的"经典名著阅读运动"。

赫钦斯认为首要应该匡正人们对杜威的误解。他认为杜威并非仅仅主张教育是教会人们如何谋生的活动，他的"从做中学"（education through occupation）的本意，是要求人们在行动中诉诸思考而非被动地接受，进而调整他下一步的行动方案。遗憾的是杜威的绝大部分追随者把它曲解为"为工作而学"。杜威关注职业学习是因为他认为这会激发学习的兴趣和得出真学问。杜威在《人文教育》一文中阐述过他的人文教育的宗旨：为共同体的每个成员提供能够释放他的能力，且使他感到幸福和对社会有用的教育。[2]由此可见杜威的教育取向也有博雅主义的一面。杜威甚至还预见性地提出过"劳动的人格化"概念，劳动者只有拥有健全的心智才能理解劳动本身和围绕劳动的所有问题，劳动才能实现人格化。在赫钦斯看来，通往劳动人格化的教育之路只有博雅教育。

赫钦斯把大学教育分为博雅教育和专业教育两种类型，前者的目的是为了传递给学生基本的价值观、信念和文化精神，因此博雅教育比专业教育更为重要。在古典时期，苏格拉底等人把事实与价值混淆起来看待，所以"知

---

〔1〕 Robert Maynard Hutchins, *The New College Plan*, Chicago：University of Chicago Press, 1931, p. 16.

〔2〕 John Dewey, "Liberal Education", 转引自徐贲：《阅读经典———美国大学的人文教育》，北京大学出版社 2015 年版，第 19 页。

识就是美德"。但近代以来"知识大爆炸",传统的知识观已被颠覆,知识"退变"或"矮化"为信息。知识并不等于智识,黑格尔早就预见"真实与价值"之间会发生断裂,因为科学通常被描述为没有价值也没有目的的知识。这也促使马克斯·韦伯在哲学上区分了事实(fact)与价值(value)两个概念。在这种情形下,赫钦斯以发展理性为指向目标的博雅教育就显得尤为重要。赫钦斯宣称:人类生活是变化无穷的,但理性是永恒的。教育的目标应该是"人类在私人领域和公共领域中的卓越……它把人当作目的而不是手段,它关注人生目标而非实现这一目标的手段"[1]。教育最高的目标是成为一个全人(fully human)。而阅读历代伟大思想家的伟大作品,无疑是实现教育终极目标的最佳方式。

综上,赫钦斯认为博雅教育的载体是永恒课程,而永恒课程的载体之一就是名著阅读。赫钦斯按编年史的顺序精选了一系列能够体现西方文化精髓的名著,根据文学、哲学、神学和宗教、自然科学、社会和行为科学及历史进行划分,供本科生在四年时间内研读。通过发起"经典名著阅读运动",赫钦斯等在芝加哥大学推行和改革了博雅教育。从20世纪30年代至20世纪90年代,该计划从大学推广到青少年教育阶段,后来又扩展到成年人教育,对美国国民教育和西方文化传承起到了积极的作用。

关于开展博雅教育的原因,赫钦斯认为在工业化社会人们的闲暇时间增多是一个主要原因。其次是美国社会在民主主义的推动下较早树立了全民教育的理念。他发现,人们的受教育时间越来越长,人民参与民主的愿望也愈发强烈。因此,面向民主政体的公民教育势在必行,而博雅教育就是承载公民教育的最好形式。

知识分化的时代背景下,专业化趋势使学科之间的壁垒愈发扩大,不同专业之间对话越来越困难。而且技术进步对当今世界来说是分裂性而非整合性的,这给社会创建一个共同体带来了更大的困难和挑战。共同体建设的前提是建立对话基础,即共同语言、共同理念和共同人性标准。而"经典名著阅读运动"的任务就是通过让学生仔细阅读"伟大心灵留下来的伟大作品",建立与人对话的基础并学会与不同文化对话和说理的能力。

---

[1] Robert Maynard Hutchins, *The New College Plan*, Chicago: University of Chicago Press, 1931, p.20.

赫钦斯无限憧憬的教育图景是："设想新生代的人还在研读'伟大作品'、领会博雅技艺。设想成年人仍是实力、灵感和交流的源泉。到那时，我们就可以互相交谈。我们要成为比今日更好的专家，因为，我们更理解本专业的历史及其与他人的关联。我们会成为更好的公民和更好的人。我们会成为世界共同体的中心。"[1]虽然最后一句话暴露了赫钦斯西方中心主义的优越感和野心，但无可否认的是，赫钦斯的理念和改革实践使芝加哥大学，甚至美国的很多大学走出专业化的泥沼而重获新生。博雅教育的传统和赫钦斯主编的五十四卷"西方世界的伟大作品"沿用至今。同时，赫钦斯揭开了"教学以学生为中心，学习以兴趣为中心"的虚假民主真相，他推行的"经典名著阅读运动"旨在重建大学真正的民主和教学秩序。

赫钦斯主张教育的"政治正确"，正是在美国走向世界强国背景下的应然选择，所以历经波折仍然彰显出这一观点的强大生命力。需要指出的是，他所谓的世界共同体既非柏拉图《理想国》中"哲人王"的共同体，也非福山语境下的历史终结，赫钦斯重建的"道德—政治共同体"最根本的目标是希望通过国际谅解和世界合作来避免战争，从而实现不同文明之间的对话。当然，"任何精神生产都会屈从时代和民主的局限，同时也会屈从于个人的局限"[2]。赫钦斯亦如此。通过"伟大心灵的伟大作品"来为西方中心论正名，借教育来为美帝国主义辩护，赫钦斯的用意不言自明。

大学精神的研究自然回避不了教育本体论的探讨。真正的教育家都会自觉把合理性视为教育的根基。涂尔干和赫钦斯为后世树立了高等教育领域理论和实践的双重标杆，而且他们都倾心于政治本体论的大学理念。他们的共同之处在于：一方面，他们坚持通过教育塑造人格使人社会化，并让社会获得凝聚力；另一方面，他们深信教育通过涵养理性才能使人格全面而不偏狭。涂尔干的教育理念提示社会化是教育的题中应有之义，而赫钦斯则提醒教育中的道德性（理性）和政治性同样不可缺失。他们对大学精神育人研究的启示在于：假设仅从哲学上追寻大学的基本价值观念，如真、善、美，而罔顾它们在特定语境下的真实含义，大学精神极有可能会陷入哲学的虚无主义。

---

[1] Robert Maynard Hutchins, *The New College Plan*, Chicago：University of Chicago Press, 1931, p. 39.

[2] 马克思、恩格斯：《德意志意识形态》，郭沫若译，群益出版社 1949 年版。

世间是否真的存在一种"唯一的、真正的共同之善"（布卢姆），这个问题既与哲学相关，也和政治相关。因此，不管是建立在认识本体论之上的大学，还是在政治本体论之上的大学，大学精神育人的内容应在忠于时代和超越时代的局限性之中找到平衡。而大学精神育人的形式除了我们前文提及的由教师主导示范，亦可借鉴赫钦斯的"名著模式"，通过整理、精选和编撰系列文化名著、大师传记、校史校志等，将其作为大学精神内涵的具体载体，供师生们研读讨论。经由抽象到具体的转化，大学精神从一个个概念、范畴或规定转变成一个个活生生的、具象化的人物性格或历史事件，最终成为一段段大学人共同拥有的文化记忆和感悟。

第三节　现实与超越——马克思主义视域下精神生产的本质

一、西方精神生产理论溯源

人类对精神生产的认识是一个不断深入、不断丰富的过程。早在古希腊时期，奴隶主阶级诞生就标志着精神生产活动从物质生产活动中独立出来。苏格拉底最早提出，精神生产应以生产出真善美一体的产品为最大的原则。而柏拉图对精神生产的论述是建立在他的"理念论"的基础上的。他认为物质世界是不真实的，真实的世界应该由三部分组成：艺术世界、现实世界和理念世界。只有理念世界才是独立且永恒的，其他两者都要依存于它。在所有的知识生产中，柏拉图认为哲学是最高层次的精神生产活动，自然科学次之，宗教又次之，而文学艺术最低下，所以最好的统治是由哲学王实施的统治。并且精神产品必须服务于社会和政治，善的理念是最高的知识问题，所以精神生产的目的是培养道德。

亚里士多德作为柏拉图的学生，他对柏拉图的理念论做了进一步的批判发展。他首先提出精神生产的主体是人，认为精神生产的能力是一种自然禀赋，是赋予统治阶级的专属活动。但他把物质生产和精神生产完全对立了起来，认为"知识最早兴于生活有闲暇的地方"，所以必然要分化出一部分人来专门从事精神生产。另外，亚里士多德把知识分为理论性知识、实践性知识和创造性知识，其中生产理论性知识的活动最为高尚。

文艺复兴以后，资本主义生产方式从萌芽到壮大，极大地解放了生产力，也给精神生产带来了新的契机。培根很早就意识到知识生产的变革意义。他开拓性地提出"知识就是力量"，知识生产的目的不是为了知识本身，而是用知识来认识和改造世界。培根还预见了人类的精神生产将由个体创造转向由集体分工合作完成，预示了知识的专门化发展趋势。培根的知识观标志着近代以来独立形态的精神生产服务于物质生产，而且知识生产需要借助科学的实验和归纳法来完成。近代以培根为代表的知识论最后导致了近代科学的第一次革命。除了实验和归纳，哲学家笛卡尔开创了另一条知识生产的路径——通过演绎和推理来获得知识。与培根不同的是，笛卡尔主张知识生产的平民化。

德国古典哲学家克服了形而上学哲学对精神生产片面的理解，并开始把精神生产与人的实践活动联系起来。唯心主义哲学家康德提出，一切认识活动都是从经验开始的，精神生产的实践是意识的实践。但他对实践给予了高度评价，认为实践理性高于理论理性，只有在实践活动中人们才能发现知识和创造知识，才能成为自然和社会的解释者和立法者。康德的理论理性是建立在经验基础上的理性，旨在寻找知识的普遍性和绝对性。而实践理性是从绝对总体性到感性经验的过程，它是从总体出发的有创造、有目的的活动。

在康德的基础上，费希特建立了一种体现主观能动性的知识学，系统探讨了知识发生的条件、要素和过程。另一位德国哲学家谢林提出，真正完美的精神生产活动是艺术创造活动，从而把非理性因素的作用引入到了精神生产过程中进行探讨。

作为德国古典唯心主义哲学的集大成者，黑格尔最为系统地论述了精神生产的过程，认为精神生产是人类改造客体的实践活动。人类只有通过改造客体的实践活动，精神生产能力才会得到提高。他强调精神产品物化的积极意义，因为精神产品的物化产生了精神产品的商品化，从而使人类共享世界的一切精神产品成为可能。绝对精神是精神生产的最终结果，也是精神生产的真正主体。黑格尔所谓精神生产的过程，就是从绝对精神异化、发展再到复归的过程，也是客观精神自我认识、自我复归的过程。由于黑格尔对精神生产力的论述采取了历史的态度，他认为精神生产力和精神技能是可以传授的，这就从根本上扬弃了西方自古以来的"天才论"。同时，黑格尔看到了精神生产的历史局限性。任何伟大的精神产品都脱离不了时代的限制，所以精神生产的自由不是随心所欲的自由。他还提出，不同形态的知识只是绝对精神自身发展过程的片段或环节，知识产品的价值依其自身复归到精神的程度而定，所以关于人和社会的科学知识一定高于自然科学知识，而哲学生产才是精神生产的最高形态。

唯物主义哲学家费尔巴哈则在人的主体性基础之上展开了对黑格尔的批判。他用唯物主义和人本主义彻底清算了黑格尔的唯心主义，认为黑格尔混淆了思维与存在、主体与客体的关系，黑格尔从精神到自然的推导只是逻辑的"把戏"。黑格尔的"绝对精神"只是抽象化了的与人分离的人的理性和精神。他的精神外化为自然的学说，不过是用理性词句改装了的"上帝创世说"。费尔巴哈在哲学上第一次提出精神生产者的概念，确立了真正的精神生产者不是精神本身而是人："新的道德、新的观念、新的精神之所以产生，是因为有新的物体、新的人出现。"[1]在费尔巴哈那里，"人"第一次走上精神生产的舞台。不过，囿于当时的认识，他的"人"只是抽象的脱离社会关系的自然人。

近代古典经济学对精神生产的研究主要围绕精神生产是不是财富的来源这一主题展开。德国经济学家李斯特（Friedrich List）认为，精神生产者的任务在于促进宗教、法律、道德和知识的发展，物质生产的丰富反过来也会促进精神生产。这些创见都成了马克思精神生产理论的智慧源泉。

二、马克思主义：精神生产应以人的自由全面发展为价值导向

马克思和恩格斯在完成三大批判的基础上提出了历史唯物主义。关于精神生产的论述，早在《1844 年经济学哲学手稿》中就有所涉及。马克思在其中着重论述了精神生产的主体和客体，确立了人是精神生产主体的地位，这个"人"是现实中受一定社会历史条件和生产关系制约、同时具有主动性和创造性的人。他始终围绕人的发展和人的本质论述一切精神生产活动，并提出自然界是精神生产的对象（客体），精神生产活动高于物质生产等活动。他揭露资本主义的精神生产在本质上也属于雇佣劳动，因此也具有劳动的异化特征。而在马克思、恩格斯合著的《神圣家族》中，他们着重批判了黑格尔的唯心主义思想，并正式提出精神生产的概念。由于看到现实中的革命仅仅

---

〔1〕 ［德］路德维希·费尔巴哈：《费尔巴哈哲学著作选集（上卷）》，荣震华等译，商务印书馆 1984 年版，第 331 页。

实现了政治解放的局限性，他们提出了变革须从政治解放推进到社会解放的观点。关于精神产品的价值，也是由生产它的劳动时间所决定，但马克思、恩格斯认为思想只有具备现实的价值才能被生产出来，并经由人这个中介体现出现实的力量。换言之，"思想要得到实现，就要找到有实践力量的人"[1]。

完整的精神生产理论的提出是在马克思、恩格斯合著的另一本书——《德意志意识形态》中。由于历史唯物史观的正式确立，他们详细分析了精神生产的缘起、条件、阶级性以及精神生产与人的全面发展的关系等。首先，人的精神生产一开始就是和物质生产交织在一起的，发展到社会分工阶段以后，独立的精神生产才开始出现了。而观念、思维和意识是物质关系的产物，道德、法律和宗教等则是物质生产的间接产物。在阶级社会，统治阶级既支配着物质资料的生产又支配着精神资料的生产。他重点阐明，占统治地位的生产关系在观念上就体现为在一定社会中占统治地位的思想。只有消灭了旧式的社会分工，实现了共产主义的生产条件，精神生产才能彻底消除个人的、地域的和民族的局限性，实现真正的自由，人类才能获得自由全面的发展。《共产主义宣言》系统阐释了科学社会主义和无产阶级政党学说，论证了从资本主义走向共产主义的历史必然性。其中包含的精神生产理论则从社会结构的研究入手，得出了"每一历史时代的经济生产以及必然由此产生的社会结构，是该时代政治的和精神的历史的基础"[2]的重要思想。此外，他们着重论述了精神生产从地方性到民族性再到世界性的发展过程，预见了精神产品最终将成为"公共的财产"的未来。

马克思的《资本论》进一步分析了前面研究中一些悬而未决的问题，使他的精神生产理论更为系统化。首要的就是清楚阐释了精神生产与物质生产的关系。首先，马克思认为精神生产的性质由一定阶段的物质生产力水平和生产关系所决定，在人类生产的不同阶段都有与之相适应的物质和精神生产方式。通过分析精神生产与物质生产的关系，他总结出经济基础决定上层建筑和社会意识的一般社会发展规律。马克思说："一切社会变迁和政治变革的

---

[1]　中共中央马克思恩格斯列宁斯大林著作编译局编：《马克思恩格斯文集（第2卷）》，人民出版社2009年版，第32页。

[2]　中共中央马克思恩格斯列宁斯大林著作编译局编：《马克思恩格斯文集（第2卷）》，人民出版社2009年版，第9页。

终极原因，不应当到人们的头脑中，到人们对永恒的真理和正义的日益增进的认识中去寻找，而应当到生产方式和交换方式的变更中去寻找；不应当到有关时代的哲学中去寻找，而应当到有关时代的经济中去寻找。"[1]其次，精神生产活动是人的本质的对象化活动，物质生产是人的本质力量的对象化过程，人在精神生产中具有双重属性，既是客体又是主体。再次，马克思论述了精神生产的相对独立性。精神生产力的水平并不总是与一定的物质生产阶段相适应。精神生产有自身发展的规律，它是社会各种合力的结果。但马克思认为，归根结底，精神生产仍由相应的物质生产决定。最后，是科学与生产力的关系问题。精神生产既创造物质财富又创造精神财富，科学知识作为精神生产的产物，一旦应用于生产就会产生出巨大的生产力，极大地提高社会生产率，缩短社会生产时间。科学技术在一定的社会条件下甚至会催生社会革命。

其他散落在马克思、恩格斯著作中有关精神生产的观点还有：

1. 马克思的整个社会生产系统由物质生产、社会关系的生产、人的生产、精神生产四部分组成，它们既相互独立又相互作用。精神生产系统由精神生产力、精神生产关系构成，形成一个具有自身内在结构和功能的系统。精神生产在整个社会系统中占据主导作用，并随着社会生产力的发展必将成为整个社会生产的控制系统。

2. 关于精神生产的当代形态。马克思将精神生产划分为三大形态：包含政治、法律、道德、宗教、形而上学等的社会意识形态，文学艺术形态和科技形态。

3. 马克思把精神生产的内容结构分为意识形态的生产和非意识形态的生产。意识形态包括政治、法律、宗教、道德等，主要功能是调节社会关系和人的自我调节。非意识形态的内容包括自然科学、艺术和思维科学，主要调节人与自然的关系。

4. 关于精神生产的价值取向。人的自由全面发展是马克思主义的最高价值理想，也是精神生产理论的论证基础。精神生产的特性构成了人的本质的核心内容。精神生产是社会进步的重要尺度，也是人的自由全面发展的实现

---

〔1〕 中共中央马克思恩格斯列宁斯大林著作编译局编：《马克思恩格斯文集（第3卷）》，人民出版社2009年版，第547页。

路径。

马克思主义精神生产论对大学的发展和大学精神的建设具有极其重要的指导意义。首先，马克思主义高扬精神生产的价值包含了两层意思：非意识形态的精神产品为人类改造自然提供了科学方法和技术力量，促进了社会生产力的提高；意识形态的精神产品为人类认识自己和处理社会关系提供了世界观和方法论，两者相辅相成、缺一不可。大学作为精神生产的重要场所，被誉为"现代知识生产的中心"和"社会发展的风向标"。作为知识生产中心，它肩负生产自然科学知识、社会科学知识和人文科学知识的重要功能，这三类知识对社会生产和人类发展具有相同重要的价值，三者共同作用于个人、民族和国家的发展，并最终指向人的自由全面的发展。作为社会发展的风向标，大学提供的精神产品必须具有价值导向性，大学要提供能够调节社会利益、集体利益和个人利益的价值观念和尺度，成为民族文化的栖息地和社会共同的精神家园。

其次，用精神生产理论来分析大学精神的内涵，它可以被定义为由大学师生在共同的教育实践活动中共同创造的精神产品。这种精神产品的载体被称为大学文化。借鉴马克思把文化分为的三个层次：科学文化、规范文化和人文文化，大学文化也可对应地分为大学科学文化、大学规范文化和大学人文文化。大学科学文化是有关科学技术的文化；大学规范文化是有关人与自然、人与社会、人与人之间关系处理的文化，也可以叫作道德文化；而大学人文文化指的是有关人对自我和生存意义的认识。从层次上来看，人文文化统摄前面两者的发展，因为它从根本上指明了科学发展和社会发展的价值方向，并提供了世界观和方法论的指导和精神支撑。换言之，科学精神、道德精神和人文精神三者共同组成了大学精神的内在层次体系。研究大学精神育人的机理就要从精神生产的理论入手，以人的自由全面发展为价值导向，深入分析和把握三者的关系和相互作用机制。

最后，精神生产理论提示我们应该高度重视大学的精神文化建设。随着知识经济时代到来，精神生产的地位和作用日益凸显，国家的精神生产能力是国家综合国力的重要体现。国与国之间的竞争，焦点在于是否拥有先进的能够影响世界的文化，和能够转化为物质生产力的精神产品，关键在于能否培养出具有大学精神的人才。

当前，我国政府对教育特别是高等教育的重视和投入也是空前的。2016

年 2 月，教育部着眼于国家"两个一百年"的目标，高瞻远瞩地提出了建设世界一流大学和一流学科的"双一流"战略，希望用 15 年的时间把我国从高等教育大国建成高等教育强国。这要求我国大学在加强科学研究和创新型复合人才培养的过程中，要更加重视大学的文化建设，把社会主义核心价值观和大学精神价值融入教育教学全过程，为科学研究"定向"，为人才培养"定型"；同时要以马克思主义的理论、方法和世界观为指导，在借鉴世界优秀文化和民族传统文化的过程中注意鉴别区分，提升文化自觉意识和文化自信。总之，在当今国际的竞争格局下，意识形态领域和非意识形态领域为大学的精神生产赋予了新的使命和任务。大学精神培育是每一所争创一流的中国大学的应然选择，因为大学早已成为社会生产精神产品的中心，若没有通过育人来传承文化和创造新文化，大学的"双一流"建设就是水中月、镜中花，精神生产的主体就难获真正的自由和全面的发展。

大学精神育人价值的证成

大学精神和道德分属不同的范畴。根据马克思对意识形态领域的分类，大学精神属于人文文化，而道德属于规范文化；根据黑格尔的精神现象学对精神的分类，大学精神属于绝对精神，而道德属于客观精神。从内容上来看，道德是指特定历史时期指导人的行为规范体系，而大学精神是影响人们信仰和行为的价值观体系。当然两者也有一些交叉地带，从层次上来看，大学精神高于道德。在德育研究领域，虽然目前对大学文化育人的研究很多，研究大学精神和育人之间关系以及研究大学精神育人价值的较少。本章将从大学精神的内容、功能和实践价值三个角度出发，探讨大学精神和德育之间的关系，以此证成大学精神的育人价值。

需要特别指明的是，本章的德育概念不是指一般意义上的"大德育"概念——包括思想教育、政治教育、法制教育和道德教育等在内的"泛德育"。本研究出于主旨的需要，以及对现代德育的人本化趋势把握，本书的德育仅指学校的道德教育——在学校范围内有目的地培养受教育者品德的活动。而本章所指的现代德育，是指当今世界范围内大、中、小学学校所实施的道德教育。

第一节 大学精神丰富德育的价值体系

一、理性精神奠定现代德育的价值基础

大学的第一大功能是发展知识和探求真理，所以尊崇理性是大学精神的题中应有之义。理性的概念跟大学一样也是个舶来品，是西方文明的产物。

从古希腊开始，理性的概念和内涵几经变迁，不断丰富，发展至今至少包含三层含义：一是自然的秩序（宇宙秩序）和人类社会运行的规律和准则，二是人们认识世界的方法，三是通过科学方法认识世界的能力。可以说，理性内涵不断丰富的过程就是人类理性的力量不断增强的过程，同时也是人类认识自然和改造自然不断深化的过程。道德是人类理性发展到一定阶段的成果，是人对社会关系的自我规范和自我认识的结果。

1. 理性主义德育流派的由来

古希腊哲学家苏格拉底提出"美德即知识"，开创了西方理性主义思想的源头。柏拉图用"洞穴之喻"说明人的感性认识具有局限性。他通过"洞穴之喻"启示人们只有走出洞穴进入理性世界，才能看到世界的真实图景。中世纪以后，理性和宗教信仰一度合二为一，哲学成为宗教的婢女。虽然偶尔有宗教改革的缓冲，但理性精神总体上受到基督教的压制。17世纪启蒙运动在欧洲开启，理性复归，道德逐渐与信仰分离。同时，欧洲的理性思想渐渐分离出两个流派：一派是以笛卡尔为代表的唯理主义（rationalism），唯理主义者主张人的理性是天赋的，人们只能通过理性（科学方法）揭示世界的全部真理；另一派是以培根、洛克和牛顿为代表的经验主义（empiricism），他们主张通过后天的观察和实验来获得经验和真知。前者的路径是通过演绎和推理，从感性上升到理性；后者是通过归纳和总结，从概念下降到感性的路径。二者互为补充，成为近代理性主义的两大流派。但是，启蒙时期的理性主义有一个巨大理论缺陷：它因抹杀了人的个体差异和民族差异而陷入机械认识论的泥沼，也因割裂了事实和价值的联系而造成了"价值真空"，导致了价值的失落。

为寻找道德和理性的联结点，以康德为代表的德国浪漫主义哲学家着重批判了启蒙运动的价值缺陷，并提出了道德的"第一命题"——"全部道德概念都先天地坐落在理性之中，并且导源于理性"。康德把理性分为理论理性和实践理性，德性是实践理性能够获得的最高的理性。如果仅仅在知性范畴中运用理性推论是有限的，必然会导致现象与本体的对立，这就是著名的"二律背反"。也因为物自体的不可知，才给信仰留下了地盘。沿着"道德是可教的"理性主义思路，康德还首次提出了德育的概念。之后英国教育家斯宾塞（Herbert Spencer）将德育与智育、体育并列，确立了现代学校教育的基本框架以及德育在学校教育中的重要地位。需要指明的是，一直以来西方的德育概念不同于我国，西方的德育特指伦理道德教育（moral education）。理性主义的德育观肯定了理性的价值，并把理性作为德育的基础，认为理性是人类探索道德规律和处理道德关系的重要路径。理性主义德育流派的影响非常广泛且延续至今。

近代以后西学东渐，理性主义德育思想对我国近现代教育影响也颇深。王国维在《论教育之宗旨》中首次提出教育由智育、德育和美育三部分组成，他认为道德可以保证个人福祉和社会安定，所以德育要先于智育作为教育的中心要义。因"道德之本原又由内界出而非外铄我者"，故德育主要是激发个体的道德意识、道德情感和道德意志，德育应以塑造"完全人物"之德性为最高宗旨。之后蔡元培在此基础上又提出了军国民教育、实利主义教育、公民道德教育、世界观教育和美感教育"五育并举"的思想，体现了当时我国的教育思想注重社会价值和个体发展价值的统一。民国时期的教育思想奠定了我国现代"全人教育"的理论框架，也为德育的泛化趋势埋下了伏笔。

古典理性主义德育在对自然和社会的认识上崇尚"人的理性为自然立法"，突出理性的可为性和自主性，强调道德要适应社会的变化并要及时予以相应的调整，也重视社会规范对人的约束和影响。发源于古希腊的理性主义德育模式的优点是实践性强，因而成为近代以来世界德育的主流模式。但其缺陷也十分明显。因它对非理性因素的忽视而导致了德育过程的机械化和单一化；它对历史联系的漠视导致了德育价值的工具主义倾向；它在德育目标上难以兼顾全体人的发展和人的全面发展，而导致了人的异化等问题。于是，强调以民主参与、人文关怀、人格独立为特征的现代德育呼之欲出。

2. 理性主义与现代德育

我们把从农业社会向工业社会转变的过程称为现代化。一般认为，工业化是现代化的原因，现代化是工业化的结果。但是，只有在经济现代化、政治现代化、社会结构现代化特别是人的现代化全部实现后，才标志着社会的现代化最终完成。其中人的现代化是核心要素。

现代工业化社会的特征有三点：一是以平等的价值观念和社会关系为特征，二是以承认和保护人格独立为特征，三是以崇尚科学和理性为特征。[1]现代教育是为现代社会服务的，因此它必须生产出符合工业化社会要求的精

---

〔1〕 参见檀传宝：《德育原理》，北京师范大学出版社 2007 年版，第 7 页。

神产品，并培养出以适应商品经济、机器大生产和科层制为特征的社会所需要的人才。现代教育也就必然出现了商品化、集约化、民主化和科学化的趋势。相应地，现代德育也必然发生世俗化、民主化和科学化的变革趋势。[1]

理性和理性主义首先为德育的世俗化吹响号角。19世纪末，以涂尔干为代表的法国实证主义社会学家们敏锐地觉察到，社会的旧道德体系已经严重不适应资本主义社会关系的调节，并因此导致道德失效、社会失范，进而产生了一系列社会危机。因此涂尔干提出道德教育必须与宗教教育分离，教育的世俗化是大势所趋。但是，宗教道德的基础是信仰，世俗化道德的基础是什么呢？涂尔干的答案是理性。他说："它（指世俗化的道德教育）是一种仅仅取决于只对理性适用的那些观念、情感和实践的教育，一句话，是一种纯粹理性主义的教育。"[2]涂尔干认为，理性教育得以可能，是因为理性几乎能够表达、认识和涵盖人类所有的事务。

科学是理性发展的结果，而道德教育作为一种学科也呈现出科学化的趋势。道德教育的世俗化和科学化互为表里，不仅从内容而且从方法上共同表征道德的理性内涵。或者说德育如果徒有理性主义的外衣，它还称不上是一门科学。只有科学的语言、科学的组织形式、科学的道德内容、科学的德育方法等才是构建理性主义德育的要件。涂尔干在他的《道德教育》一书中系统阐述了理性主义的德育论，这也标志着近代以来以学校为组织形式的德育作为一门独立的学科正式确立。迄今，现代德育已经发展为以心理学为基础，以伦理学为主线，囊括哲学、社会学、人类学、美学甚至自然学科最新发展成果的理论形态，充分诠释了德育的科学化内涵。

理性是民主社会的根基。现代德育的民主化是教育普及的结果，与整个现代社会的民主化呼求和文明进程更是密不可分。大部分国家和地区普遍认为，教育的目标已经不再是培养精英阶层，而是培养民主社会的公民——具有民主意识、民主政治能力且适应民主共同体生活方式的人。日本在教育白皮书《面向21世纪的教育对策》中就明确提出：教育应以陶冶人格，培养作为和平国家和社会建设者，充满自主精神、心身健康的国民为目标。[3]这表

---

[1] 参见檀传宝：《德育原理》，北京师范大学出版社2007年版，第11页。

[2] [法]爱弥尔·涂尔干：《道德教育》，陈光金等译，上海人民出版社2006年版，第6页。

[3] 参见郭聪惠、陈国胜："超越西方历史 走两个文明协调发展的道路"，载《理论导刊》1997年第6期。

明学校的德育也要根据民主社会的教育目标适时作出调整，不管是在内容、方法还是途径上，都要有利于民主政治的实现。反之，如果民众得不到民主化的教育，给他们的政治权利不但等于零，而且可能走向民主的反面——变成一群没有理性判断的乌合之众。

那么，理性在德育民主化的过程中起着什么作用呢？这个问题可以引用杜威在《民主主义与教育》中的核心观点作为回应："在实践上和哲学上，教育现状的关键都在于逐步重建教育材料和教育方法，从而得以运用代表社会使命的各种职业形式，并呈现他们的理性和道德内涵"。[1]换言之，任何人从事一门职业之前，必须用理性去深入了解职业的目的、意义、价值和科学基础等，否则就会陷入一种新的被奴役状态。理性的价值就在于避免职业中每个人在智力上的狭隘和短视，避免每个人只关心自己的个人利益而罔顾公共利益，而这正是民主社会最无法容忍的。同样，在消费主义泛滥的当今世界，人们要获得一种避免被物质主义奴役的力量，更加需要理性和思考去引导消费。

理性在化解民主和道德权威之间的冲突时也起到了重要作用。首先，道德作为一种规范总是要求人们遵守和应用它，但绝不是要对规范的无条件服从。理性告诉人们可以做什么、何时做、为何要这么做、自己的行为是否符合内心的信念等。其次，道德权威是规范所赋予的，没有权威的道德是无效的。表面上看起来是民主和权威之间的冲突，实质上是自由与规范的矛盾所导致的冲突。涂尔干就曾指出，自由是规范的结果，而规范是自由的全部实在。[2]没有规范的自由是虚无的，同样没有自由的规范是僵硬的。如果有了这个理性的认识作为前提，人们对道德权威的服从就变成了一种自觉。易言之，只有对道德权威有了理性的认识，人们对道德规范所做出的服从才是道德的。

同样，在理性的前提下，人们对纪律的遵守也不会构成对民主的威胁。纪律精神在民主共同体建设当中的价值在于，通过从小进行的纪律的灌输，人们自动建立起了社会的秩序感。所以在学校的德育活动中，我们要设法唤起从小就对孩子灌输的规范概念和纪律精神，以及受教育者对道德权威的认

---

〔1〕 ［美］约翰·杜威：《民主主义与教育》，王承绪译，人民教育出版社2001年版，第221页。

〔2〕 参见［法］爱弥尔·涂尔干：《道德教育》，陈光金等译，上海人民出版社2006年版，第43页。

同感。唯有如此，道德的第一要素——纪律精神才能得到确立，人们对纪律的接受和遵守才是自觉和自发的。

理性教会我们区分善恶，也教会我们去抗拒还是服从道德。而德育的目的，就是发展这种理性精神，这一点对于现代德育亦然。从此意义上说，理性精神仍是德育的基础。

二、人文精神为现代德育设立价值维度

1. 人文精神是使人超越实然存在的力量

理性的扩张带来了科技革命，造成了物质财富的快速增加，人类征服自然、控制世界的野心也空前膨胀。但不幸的是，物质的力量也会反过来压倒理性，使人受役于物质。现代德育实践中"见物不见人"的现象就缘于此。甚至德育本身也异化成为一种压抑人、奴役人的工具，或听命于经济，或听命于政治，而罔顾德育的个体发展功能。在这种情形下，人们急需找到一种能够驾驭物质和经济的制衡力量，使道德的价值合理性与工具合理性平衡发展。换言之，就是找到把人从自私贪婪的本性中解放出来，把人本身当成目的而不是手段的人文主义精神。因此，理性精神之外，人文精神的作用凸显，另一场以人本主义为特征的德育变革势在必行。

人文精神也被称为人文主义或人道主义（humanism）。人文主义从古希腊时期的追求身心合一和灵魂教化，到基督教时期强调爱与信仰，再到启蒙时代强调理性，直到 20 世纪新人文主义要素的加入，它的内涵才相对固定下来。现代意义上的人文主义或人文精神，跨越了理性主义的藩篱，是一种强调以道德精神为核心，突出人的价值、尊严和对命运的关怀，珍视人类共同的精神遗产，注重人的全面发展的价值观。爱因斯坦曾说："总还有不少人，他们不追求物质，他们追求理想和真理，得到了内心的自由和安宁。"[1]那么，人文精神为何能成为驯服物质世界的力量呢？

当今世界科技至上、经济至上的社会发展模式受到越来越多的质疑，随之而起的是对发达资本主义国家已经走过的现代化发展道路的全面总结和反思。人的现代化理论就是其中最具有代表性的一支。美国学者英格尔斯（Alex Inkeles）认为：人的现代化是指人的价值观、心理素质、行为习惯等转

---

[1] 转引自鲁洁：《当代德育基本理论探讨（新世纪版）》，江苏教育出版社 2003 年版，第 17 页。

变为现代人格的过程，它是任何国家现代化进程的基石。创新精神、参与意识、开放意识、进取精神，以及尊重他人、独立性和自主性等构成了现代人格的关键要素。新的社会发展观把人作为现代化的决定性因素和真正的动力，并肯定了教育在促使人的现代化中的作用。同时，这一理论流派还把人的幸福作为社会发展最终的、也是唯一的目的。

人的现代化理论充分体现了人类试图超越休谟所谓的人的"实然存在"（to be），到达人的应然存在（ought to be）的自信。人的现代化理论还表明：人作为实然存在和应然存在的双重属性，既是历史的，又是自我生成的。人可以通过实践活动向世界展示无穷的可能性和创造性。所以存在主义者认为存在主义哲学把存在分为"自发性存在"和"自为性存在"（萨特），存在主义者认为人的生命就是从自发到自为的过程，而这一切由人自身主导和创造。所以，"人就是人的未来"。需要指出的是，应然存在是理性所永远达不到的状态，爱因斯坦也说"科学永远打不开'应该是什么'的大门"，只有靠人对自身的信仰和人的实践活动，才能体现人的价值性的存在。这就是人文精神的价值和本质力量所在。

2. 人文精神推动现代德育走向关怀和生活化

现代德育急需一种批判性的力量来消弭物质主义带来的消极影响，但现代德育面临的挑战远远不止物质主义。恐怖主义、全球性生态危机、新殖民主义、局部战争的威胁、种族歧视主义、信息大爆炸、民粹主义以及贫富分化加剧带来各种社会问题，不但给世界带来了多元价值之间的冲突，而且导致了人们对传统道德教育的质疑，造成了社会的动荡不安。强调知性和理性的传统德育在内容、形式和方法上已经无力解决理性与价值失衡的问题，无法调和大到国家、民族、阶层，小至集体、个人之间的利益矛盾和理念的冲突，当然也就无法解答年轻一代在生存和发展过程中碰到的道德困惑。换言之，社会规范"可通约的价值公分母"越来越小。因此，对现代性的严厉批判、对理性价值的反思成为包括德育在内的社会科学共同关注的主题。

麦金太尔就曾断言：近世以来，西方普遍理性主义构建的社会公共道德秩序面临瓦解的危险。原因是普遍主义的规范伦理学是建立在个人权利基础上的个人自由主义，而普遍的规范很难超脱个体道德理由之间的互竞和冲突，造成了道德的"不可通约性"（incommensurability）。这导致了各种道德学说陷入无休止的争论中和现代伦理中非理性因素和情感的失落。麦金太尔提出重建现代伦理学的命题。他在对社会道德现状进行深刻反思之后，对现代伦理学进行了全新的诠释：伦理学是帮助人们理解从前一种状态向后一种状态转变的科学。他还提出，伦理学旨在展示人性的"三重结构"：未被教化的人性概念、理性伦理学的训诫、因实现其目的而可能是的人性概念。[1]针对现代伦理学的困境，麦金太尔开出了一剂"解药"——重返亚里士多德式的美德。虽然碎片化的历史传统很难还原，传统美德所仰赖的社会结构已然瓦解，但是我们仍然能够从麦金太尔的乌托邦道德图景中发现重构现代伦理的合理因子——在重视个人美德的前提下重塑价值共识，重建人类共同的精神家园。

存在主义的德育研究者也认为，德育目前最大的困境是过于强调理性而遗忘了情感，遗忘了人的生活世界，造成了"教育的无家可归"和"人的精神的无依无靠"。那么，大学怎样才能成为精神家园不但是个理论问题也是实践问题。生活德育论启示我们：生活即教育，让教育回归生活，让人文精神成为德育价值新的意蕴，让学生在真实的生活场景中体验道德的内涵并养成德性。简言之，生活德育是从生活出发、在生活中进行并回到生活的德育。[2]

生活德育并非要德育走向理性德育的反面，而是让理性德育回归人的生活世界。在这样的背景之下，宏大叙事的德育场景让位给了生活世界和生活化的场景，侧重概念化、抽象化的道德原则转向强调人的情感等非理性因素的价值，对社会规范的倚重转向对人的主体意识的回归。在富含人文精神的生活世界里，德育"之困"与价值"之失"找到了共同的出路，知识与价值也找到了一个联结点：德育的旨归在于帮助建构人的意义世界。生活无处不在，德育也应该无处不在，人在生活的世界里接受人文精神和文化的熏陶，养成德性并践行美德。

当然，作为反思理性教育的一种教育主张，回归生活的德育或生活化的德育仍然是解构意义大于重构意义。毕竟，生活本身不等同于德育，德育的立意必须高于生活，否则就会陷入"泛德育"的"怪圈"。所以，生活德育还要进一步强调人文精神之于德育的价值。首先，人文精神为生活德育设立

---

〔1〕参见［美］阿拉斯戴尔·麦金太尔：《追寻美德：道德理论研究》，宋继杰译，译林出版社2008年版，第69页。

〔2〕参见高德胜：《知性德育及其超越——现代德育困境研究》，教育科学出版社2003年版，第184~185页。

了历史之维。人文精神体现了文化的连续性和继承性，人们的思想无论如何都摆脱不了他们生于斯长于斯的传统文化的影响。生活化的德育理论要求我们主动挖掘传统文化中的德育精神和德育价值，这样才能有效避免过分强调生活化带来的精神碎片化和浅薄化。

其次，人文精神为生活德育建立了价值之维。生活德育指向的是生活中的个体。如前所述，人的本质具有实然存在和应然存在的双重属性，但实然的存在是手段不是目的，真正的德育应在人的生活实践中寻求应然的实现，并体现人文精神中人的主体性和创造性。总之，确立生活德育中以人为本和以人的自由全面发展为目标的价值之维，我们才能走出生活的庸常和惯性，走出泥沙俱下的社会思潮对人的偏见和禁锢，走出理性和情感各执一端的悖论，实现德育的理想模式——教育要回归贴近生活、情感与理性互补、人文关照科学的状态。这也是当代德育转型的重要内容。

三、自由精神是现代德育追求的最高境界

1. 自由和解放是人的最高理想

马克思主义人学理论全面阐释了人的本质。与以往思想家把自由的主体当成抽象的人不同，马克思从社会实践的角度揭示了人的本质。劳动创造了人和人类历史，也创造了人之为人的各种社会关系。所以，人的本质是多重规定性的统一，既包括人的自然性，又包括人的社会性和意识性。马克思从社会实践的历史考察中发现了人的本质，进而也发现了社会存在决定社会意识的社会发展规律。因此要考察人的价值，也必须从人的本质出发，探讨人的社会价值和个人价值。实践的人首先具有价值客体和价值主体的双重属性。作为价值客体，人要通过自身的实践活动创造出物质和精神财富，以满足自身和他人的需要；同时作为价值主体，人还具有对他人、对社会的价值。由此，人的价值是社会价值和自我价值的统一，两者不可分割，互为前提和条件。马克思主义关于人的本质论和价值论，是我们讨论自由的理论基础。

到底何谓自由？美国总统林肯认为，我们全都声称为自由而战，但我们在使用同一词时，所指的并非同一事物。卢梭虽提出自由和人权的天赋论，但"人生而自由，却无往不在枷锁之中"。功利主义思想家密尔（John Stuart

Mill）在《论自由》中宣称自由就是按照自己的意志行动。霍布斯（Thomas Hobbes）所谓的自由，仅仅是实行自我意志的自身之外的外在障碍之消除。但实行自我意志的自身内在障碍之消除，并不是自由，而是利用自由的能力或条件。[1]伯林（Isaiah Berlin）认为自由就是行动的机会，而非按照意志行动的行为本身。他把"自由"与"利用自由的条件和能力"做了概念的区分，这为他的自由多元主义做了理论铺垫。伯林所谓自由的真义，是指"人类社会的所有成员都能够使自己处于最佳状态的最大限度之能力"，这也是积极自由概念的来源。换言之，积极自由就是理智支配情感。但是，不管是卢梭、密尔、霍布斯还是伯林，都是从抽象的、机械的人性论角度出发去探讨自由，所以不可避免地落入了形式主义和唯心主义的窠臼。只有马克思从人的自由全面发展的角度去论述的自由，才是人类自由的最高理想。也是自由精神的最大体现。

奴隶社会的自由、资本主义社会的自由等是自由的形态，政治自由、言论自由、信仰自由等属于自由的内容。不管在什么社会，自由的程度、内容总是有限的。马克思主义认为，自由不能脱离必然，人永远不能超脱必然性的限制去寻找自由。这种必然性指的是人的自然属性和社会属性。马克思和恩格斯在《德意志意识形态》中指出："人们每次都不是在他们关于人的理想所决定和所容许的范围之内，而是在现有的生产力所决定和所容许的范围之内取得自由的。"[2]马克思主义认为，在阶级社会，被统治阶级只有出卖劳动力的自由和形式上的自由，一部分人的发展是以绝大多数人的限制发展为前提的。而社会总的发展趋势是从必然王国到自由王国。只有在自由王国里，政治自由、经济自由、社会自由和人的精神自由达到统一，每个人的自由发展是一切人自由发展的条件，真正的自由才能得以实现。

自由是解放的目的，解放是自由的途径。解放就是从某种形式的奴役中解脱出来的状态。在马克思那里，自由和解放是同义语。物质解放是前提，社会解放和思想解放是结果。人类追求自由和实现解放的程度，反映了社会进步和文明的程度。换言之，人类从必然王国过渡到自由王国，要依靠人类自身的物质和精神实践去推动，实践是推动社会进步和文明进步的唯一手段。

---

〔1〕 参见王海明："自由释义：自由与利用自由的能力之辨"，载《晋阳学刊》2006 年第 1 期。
〔2〕《马克思恩格斯全集（第 3 卷）》，人民出版社 1974 年版，第 107 页。

　　既然人的自由全面的发展是人类的最高理想，那么自由精神理应在德育的价值和理念中有所体现。遗憾的是，在德育的实践中，我们过分强调德育的目标与社会化的目的吻合，或与人的现实生存发展吻合，而忽视了人作为历史进程中的主体本该拥有的可能性。德育应超越当下的生活，也要超越德育对象当下的现实道德水平。科尔伯格就曾强调：教育所应传递的道德信息应该要处于比较高的道德发展阶段，否则，儿童会失去对所传递的信息的尊重。故而有人提出要在马克思主义人学的基础上追求德育的自由之境界，因为"人学基础可以给予道德生活的是一种自由境界，给予道德教育的则是一种审美（立美）范式的前提"[1]。道德的自由境界或自由德育呈现的是一种人与社会共同进步、人与人和平共处、人与自然和谐相处的生活状态。

　　2. 超越规范的自由德育

　　道德教育的本质是塑造个体的社会人格，这就是德育的个体功能。除此之外，德育还具有教化社会的社会功能，即"齐风俗，一民心"的道德教化功效。道德的规范性表现为对人的行为进行他律，而道德的社会理性内化之后则表现为人的自律。但不管是他律还是自律，与道德的自主状态都相差甚远。

　　科尔伯格把道德发展的规律归纳为"三水平六阶段"：前习俗水平、习俗水平和后习俗水平。前两个阶段就属于从他律到自律的发展阶段，而后习俗水平所仰赖的是对普遍规则的认同，达到道德自主或自由的境界。在道德发展的最高阶段，个体已经超越了对道德规范的一般认识，不再把规范当成是限制和约束，道德不再是一种异己的力量，个体能够从实现自身的道德信念和道德理想的过程中得到一种崇高感和意义感，达到马斯洛需要层次的最高阶段——自我实现的需要。而从他律到自律再到自主的过程，分别对应了道德的三个层次：人的实然阶段（to be）、应然阶段（ought to be）和超然阶段（to be meant to be）。

　　那么如何理解道德的超然阶段呢？这就要求我们首先回到自由的定义本身。根据伯林对自由的定义，自由就是免受禁锢和限制的可能性。因此道德教育指向自由和自由的可能性，自由是道德题中应有之义。其次，马克思说

━━━━━━━━━━━━

　　[1] 檀传宝："至境德育论"，载《云梦学刊》1998 年第 1 期。

"人类的类特性恰恰是自由、自觉的活动"[1]，也即人的"自觉的自由"有别于动物的"不自觉的自由"，这是人的本质属性。自由还意味着人从摆脱对人的依赖开始，再逐渐摆脱对物的依赖，最终实现对"自己的占有"，这是人的必然发展趋势。对于人类而言，就是从必然王国向自由王国的迈进。

那么如何理解道德的规范和自由的关系？一方面，规范是自由的手段，因为"规范使人能够自动地表现出生活的'睿智'，人际冲突赖以消融，价值人生赖以实现"[2]；另一方面，自由是规范的目的，自由是人的主体性的回归。自由的人对任何规范的片面性和工具性都有着清醒的认识，能够达到对规范的自觉扬弃和自如应用。一言以蔽之，规范道德是自由道德的必经之路，而自由道德是规范道德的最后归宿。不存在无规范的自由，同样也没有不包含或不指向自由的规范。

自由精神是大学的独特气质，也是大学不懈的追求。大学的诞生过程就是脱离教会的桎梏、实现自治的过程。而现代大学的自由亦包含两层含义：首先是指学术自由，它也是一般意义上的自由在学术上的延伸；其次是大学自治，指大学相对独立地处理自己内部的学术问题和教育事务。也有人把大学的自由具体化为学生学习的自由和教师教导的自由。为什么大学的自由精神不可或缺？因为无自由不学术，自由是学术发展和追求知识的外在条件；同时学术自由并非少数知识分子的事情，思想解放对政治进步和社会发展意义重大。余英时先生通过考察中国历代知识分子的流动及对社会的意义后强调："在学术自由之有无，以及一般自由幅度的大小，便正是一个社会有没有活力和潜力的最准确的试金石。"[3]自由对于大学本身的发展也具有巨大的推动作用。因推崇大学自治和学术自由，德国大学迅速崛起。而大学自由对于个人发展的价值，更是不证自明。如前所述，自由发展是人的最高理想，理应成为教育（包括德育）的最高目标。因为"超越性的人（对现存生活作出反思和批判的人）是教育应有的期待"[4]。

---

[1] 中共中央马克思恩格斯列宁斯大林著作编译局编：《1844年经济学哲学手稿》，选自《马克思恩格斯全集（第42卷）》，人民出版社1979年版，第96页。

[2] 檀传宝："至境德育论"，载《云梦学刊》1998年第1期。

[3] 彭国翔编：《学思答问——余英时访谈集》，北京大学出版社2013年版，第15页。

[4] 参见鲁洁："超越性的存在——兼析病态适应的教育"，载《华东师范大学学报（教育科学版）》2007年第4期。

　　现代大学教育在理性精神的推动下日益精细和壮大，但也容易培养失去个性的学生，阻碍学生的潜能和创造性发挥。故而，德育在教育过程中更要重视学生的主体性地位的确立，更要注重其主观能动性的发挥。在德育的功能上，要强调超越性和适应性的并重；而在德育的旨趣上，则要自觉追求和教人追求道德生活的自由之境。

第二节　大学精神优化德育的功能

一、大学精神促进德育的社会功能

1. 正确认识德育的功能及其意义

　　前文解答了大学精神与德育价值的关系问题，接下来我们要探讨它与德育的功能之间的关系问题。德育功能指的是德育在社会发展和个体成长中所能发挥的功效或作用。根据对象的不同，德育功能分为社会功能、教育功能和个体功能。根据内容来划分，德育功能包括政治功能、经济功能、文化功能和生态功能等，还有对个体而言的认知发展功能、人格塑造功能、个体享用功能等。根据目标层次划分，又分为工具性（功利性）功能和本体功能。在讨论大学精神与德育功能的关系之前，我们有必要全方位厘清德育的功能，在诸多的功能当中区分哪些功能是主要的和直接实现的，哪些是次要的和间接实现的，并分析社会功能的层次和主次。

　　传统德育认为，德育的功能在于维持社会的结构和社会稳定。社会本位德育学派的代表人物涂尔干认为，道德教育旨在通过建立集体良知（collective conscience）和道德秩序以达到社会团结。社会本位的德育观将规范性和约束性视为道德的核心，注重的是如何将社会上占主导地位的意识形态转化为人的思想观念，把规范和规则内化为人的道德观念和行为准则。

　　社会本位的德育观在我国一直占主导地位。新中国成立以来，人们对德育社会功能的认识不断深化，可以概括为从"单一化"到"泛化"再到逐步合理化的发展过程。从革命战争年代一直到20世纪改革开放以前，由于特殊的革命和政治环境，德育受到一些"左倾"错误思潮的影响，德育的政治功能一直占主流。学校德育成为政党宣传的工具以维持既定政治格局和秩序。改革开放以后，在"以经济建设为中心"主导的社会发展格局影响下，德育功能的经济化趋势取代政治化成为主流。而到了 20 世纪 90 年代以后，受全球化和多元文化思潮的影响，"多功能主义"的德育观一度占据上风。

有研究者认为，对德育功能的片面理解以及德育功能的严重功利化倾向，有可能使德育变成"病态的德育"、"非德育"或"反德育"。首先，对德育的功能定位不清可能导致德育失"真"。因为德育的根本目的在于育人。怎样育人呢？雅斯贝尔斯说教育不过是"启迪其天性"，天性即潜藏在人生命中的各种可能性，人通过教育使成长的可能性生成，所以教育就是生成。[1]相反，功利主义的教育扼杀人的可能性和天性，功利主义的教育观只教人适应现实的生存和计算眼前的得失，唯经济论、唯科技论等推崇经济至上、科技至上，导致教育"只见物不见人"，更遑论人的生成了。所以要正确地认识德育对社会的适应问题。适应不是迎合和谄媚，适应是在合理批判的基础上理性地选择和行动。真正的德育是通过培养人的理性思考能力来帮助人实现社会化，而不是教人被动地接受或盲从。

其次，德育承载太多的功能容易导致德育失"效"。学校德育最大的现实困境是：德育无法调和社会、国家、家庭等对德育的不同要求，进而导致德育理念之间的冲突。要么一股脑儿地对所有的影响、要求、命令、理念"照单全收"，结果是德育活动繁而不精、杂而无序，德育的实效性大打折扣。要么将德育异化成了功利主义的"帮凶"，反过来压制人们只能按照现行的教育体制去学习和生活，个人的追求演变为获取个人利益的最大化，否则就被定义为"失败者"。

教育本应"去蔽"，而今却成了"遮蔽"本身。雅斯贝尔斯认为，"如果在国家和教育上的精神被遮蔽，那么国家和教育就会陷入理解计划和非理性强制手段的混淆之中，这也就是对教育整体作用的消解和对时间沉默的信号"[2]。教育的作用被消解，教育的本质被遮蔽，导致教育成为一支"异己"的力量，甚至于"教育只是在使人变成了一条被蒙上眼的推磨驴子"[3]。德育本身负

---

〔1〕 参见［德］雅斯贝尔斯：《什么是教育》，邹进译，生活·读书·新知三联书店 1991 年版，第 54 页。

〔2〕 ［德］雅斯贝尔斯：《什么是教育》，邹进译，生活·读书·新知三联书店 1991 年版，第 42 页。

〔3〕 鲁洁："超越性的存在——兼谈病态适应的教育"，载《华东师范大学学报（教育科学版）》2007 年第 4 期。

重太多，只顾得上适应这适应那，结果反而丧失自身的独立性，德育的生存空间进一步被挤压，德育被边缘化为可有可无的东西。归根结底，这所有现象和"病症"的本源，是人们对德育的认识偏差和德育工作者对德育本质的误读。人们只看到德育的社会功能而忽略了德育的独立性，忽视了德育对社会的反思功能和批判功能。

德育作为一门实践学科，它的阶级属性无疑是它的主要属性。但是，德育作为教育的重要分支理应保留它的教育属性。同时，德育作为社会伦理和个人伦理的载体，还起着传播、创生伦理文化的功能，文化属性也是德育的题中应有之义。在德育的社会属性之前，我们决不可忽略德育的教育属性和文化属性，这样才能凸显德育的独立价值，实现德育的本体功能。

2. 大学精神对德育的文化功能起到了反思、批判和整合的作用

大学精神促进德育的社会功能，也能促进德育的文化功能。大学精神作为大学文化的精神内核，对德育的文化起到了反思、批判和整合的作用。

首先，文化本身的中介性是大学精神发挥作用的前提。有学者曾经提出，德育的文化功能是其他功能实现的中介。文化的中介功能，主要是通过文化环境的创建，潜移默化地传递主流意识形态所包含的政治理念、社会规范、道德原则、生态意识等，从而间接地实现了德育的政治、经济和生态等功能。德育的文化功能与文化的德育功能不同，前者强调的是德育作为学校文化的一部分，在整个文化系统中所发挥的效用；后者侧重的是文化中的德育因素如何通过文化的传播影响、规范和引导社会和个体行为，促成良好的社会道德风尚。两者分别体现了从德育到文化和从文化到德育的双向过程，所以在使用和论述上不能混为一谈。德育本质上是一种道德文化，担负了继承、传播和整合道德文化的责任和使命。

德育要维护社会主流文化的主导地位。德育向社会传播伦理文化，发展、创生伦理文化，同时也担负着批判、反思和借鉴吸收各种主流和非主流文化中的德育文化因子的功能，德育还要为伦理文化的传播创设优良环境、营造良好的文化氛围。通过实现德育的文化功能，做到文化育人，通过"以文化人"的方式实现对人的精神世界的改造和对道德人格的影响，反过来再通过德育的对象完成对德育文化的引领、传承和整合。

其次，大学精神对德育文化功能的促进，具体体现在通过反思主流文化、抵制非主流文化、批判吸收传统文化和外来文化的优秀因子，来构建良性的、

与时俱进的德育文化体系。德育文化的特点是强调规范性和约束性，因此德育文化总体上欠缺批判和反思的品质，加之我国社会本位的德育范式一贯强调服从和纪律，对集体利益关注有加而对个人利益重视不足，在德育目标的设定上一味追求"高、全、上"，使得当前的德育文化缺乏亲和力、说服力和感召力。

在德育实践的过程中，还出现了教条主义、形式主义、社会功利主义盛行的现象，使德育文化极易沦为政治文化和经济文化的附庸。故而，高扬理性、人文和自由精神的大学文化，对德育文化是一个补正，同时也是孕育健康的德育文化的土壤。优质的大学文化孕育优质的德育文化。从实现的条件来看，大学文化本身就融合在德育的各个环节和德育全过程中。要加强大学文化环境的建设，让优秀的大学文化进入到德育教材、德育课堂和德育实践中去，让蕴含德育价值的大学文化成为感染人、激励人的精神力量。校园文化建设要以社会主义核心价值观为主线，打造德育文化精品和经典案例，用生动的事实代替干巴巴的说教，引导学生参与讨论，主动思考超越个体利益的道德两难问题、社会经济问题、政治问题、生态保护问题等，获得对现实进行独立思考和批判的能力。总而言之，大学文化对德育的影响是双向的，德育文化功能的实现既是大学文化的大环境对德育主体熏染的结果，又是德育价值外显为德育文化进而进入到大学文化系统的表现。

二、大学精神提升德育的个体功能

德育的个体功能包含个体的生存功能、发展功能和享用功能三个层次。从保障个体生存的角度来看，德育通过赋予个体既定社会的价值观和道德规范来促进人的社会化，帮助"适者生存"。人的社会化过程包括三方面的内容：一是培养自我观念，促使个性的生成。教育在社会化的过程中扮演着重要的角色，康德说人唯有通过教育（德育）才能成其为人，雅斯贝尔斯也把教育视为人的"第二天性"。教育能帮助个体建构完善的自我观念，把人对自己的认识与社会规范的认识协调一致，使人从外在行为和内心世界都尽量符合社会的需要。同时在个人禀赋、生活环境不同的基础上，教育能够促使人发展出自己独特的个性，体现了客观世界和人的主观能动性的统一。

二是德育通过让个体学习社会文化来掌握社会习俗、禁忌、礼仪、道德等社会规范，并使之内化为个体的价值观念。这种过程一方面使文化得以代际传承，另一方面让个体掌握权衡个人利益和社会利益之间平衡的能力。这些是德育实现个体生存和发展功能的基础。

三是德育通过社会化让个体完成角色学习，目的是了解自己在社会结构中的地位并按照相关的规范行事。德育促进个体社会化有两方面的结果，一方面对于社会而言是使人拥有了一定的责任、权利和义务；另一方面对于个体而言是使人获得了一定的心理能力、健全人格和行为方式。

从促进个体发展的角度来看，德育的作用主要体现在塑造个体品德结构上。品德结构由内容、形式和能力组成。这三大维度共同建构了品德的心理图式。品德的心理图式在环境、教育、个人认知深化等内、外合力的作用下不断丰富和生成。德育的作用就在于为个体提供学习的环境，激发个体品德结构的丰富和发展，达到品德图式的生成或质变，促成个体迈向更高水平的道德发展阶段，形成更高层次的道德人格。

现代心理学、伦理学和社会学的研究都表明：个体道德水平的发展要遵循一定的规律，从低水平到高水平依次发展，反映出道德从他律到自律再到自主的过程。但是，并非每一个个体都能够顺利完成道德发展层次的更迭上升，绝大部分人都达不到道德自主的高水平阶段。造成道德停滞的原因是什么？而道德发展的动力又在哪里？科尔伯格提出的解决方案是：创设具有价值冲突和两难选择的交往和生活场景，激发人们进行道德讨论和思考。这对于处于道德发展较低水平的儿童来讲还是奏效的，因为儿童都偏向于接受比自己道德水平高的同伴的道德推理。问题是，对于青少年甚至成年人而言，他们的道德图式已经相对固定并形成了相应的心理和行为惯性，德育如何来促进他们的道德发展呢？

如前所述，大学精神在促进德育的社会功能时能够发挥反思和批判的作用。文化育人指的是大学精神的人文特质能够激发个体的道德反思，并对现实的社会事实予以道德批判。从这个意义上来说，大学精神能够促进德育实现个体发展的功能。首先，大学精神强调人的主体性地位，这对于个体的道德发展的内生性来说是至关重要的。主体性体现了大学文化的内在价值尺度，折射出德育的本体价值。檀传宝认为，发挥个体发展功能必须充分尊重道德学习个体的主体性，否则就会阻抑这一功能的正常发挥。当前的德育缺乏对道德主体的肯定，在道德人格的塑造和道德思维的训练上也有所缺失。同时，我们过分强调道德对人的规范和社会关系的调节，这实际上就把道德当成某种外在于人的东西，而忽略了道德的本质是"人为自己立法"（康德），人才是道德的最高尺度。道德主体是学习者，同时也是实践者，德育不能把学习者当成被教育、被改造的对象，而要创设自主学习的氛围，让学习者主动参与和积极思考，进而认识到：通过教育获得反思和辩驳的能力是具有高尚人生境界的一种标记。[1]

其次，大学精神具有追求卓越的品质，这种品质的获得是个体提升品德结构的核心要素。遵循道德的功利主义原则的人很有可能成为"庸人"，甚至"精致的利己主义者"，这是功利主义教育带来的结果。真正的教育是教人追求卓越——能力的卓越、创造力的卓越、道德的卓越。实际上，追求卓越和道德发展是一个相辅相成的过程，因为在追求卓越的过程中道德主体的积极性会迸发出来，而道德发展的能动性促使主体在追求卓越的过程中强化动机、改变策略和持久激励。

大学精神能够提升德育的精神价值和精神境界，进而促进德育的个体享用功能。鲁洁在提出德育的个体享用功能这一概念时指出："只有在一个充分发展的个体身上才开始有了对道德自身的需要，从而在不断的道德提高、人格完善中感到精神的极大满足，道德教育的自我享用功能才得以充分体现"。[2]德育实现享用功能须具备两个条件：一是道德主体的充分发展，即人的社会化完成并获得相对稳定的品德结构；二是道德主体自发地追求道德完善的境界且能够体验其中的满足感和幸福感。两个条件缺一不可。

那么，如何才能激发个体的道德发展需要？如何才能强化个体积极的、正向的道德体验，从而获得幸福感和成就感？鲁洁教授提出的方案是快乐教育和美育。[3]但本书认为，应该通过树立主体的道德理想来建立信仰，进而在道德信仰的前提下做自己认为值得做的事情。"杀身成仁，舍生取义"等，正好说明道德主体把"成仁"和"取义"看作比生命更有价值、更值得追求的事情，当作是人的最高理想和不得不为之的事情。这就是道德信仰的力量！

---

〔1〕 参见［德］雅斯贝尔斯：《什么是教育》，邹进译，生活·读书·新知三联书店1991年版，第19页。

〔2〕 鲁洁：《超越与创新》，人民教育出版社2001年版，第257页。

〔3〕 参见鲁洁："再议德育之享用功能——兼答刘尧同志的'商榷'"，载《教育研究》1995年第6期。

雅斯贝尔斯也说过:"教育须有信仰,没有信仰的教育只是教学。"〔1〕人们失去了对道德的信仰,根源在于社会失去了道德信仰存在的土壤——健康、丰沃的道德文化。人们对道德的需要并不是天生的,这种精神需求还需要在恰当教育的培养下、在人文文化的熏陶中、在大学精神的激励下才能生成。

个体的道德体验也是一个不断强化的过程。从人们对道德规范的畏惧感到服从感,再到亲社会行为的依恋感和自律感,最后是追求自我实现的道德自主感和自我效能感,道德情感的体验过程也完整反映了个人从他律到自律再到自由的道德发展过程。大学精神在这个过程中发挥的作用就在于:通过提升道德文化的精神品质、推崇德育中超越功利主义的原则和理念,激发个体自觉追求从"明德"到"新民"再到"至善"。大学精神的最高境界也是德育的最高境界,在人类最崇高的精神世界里,大学的理想"求真"和德育的理想"至善"相遇,"德"与"得"相遇,信念与幸福相遇,从而达到了我国传统文化中道德精神的最高境界——天人合一、物我两忘。

如果用功能主义文化的观点来解读德育,不同层次的文化满足不同层次的德育功能。强调生存的德育文化满足了个体的生存需要,功利主义德育即为该文化类型的代表;强调集体发展的德育文化满足个体的发展,社会本位(集体主义)的德育作为该层次文化的典型;而追求个体享用功能之德育文化,可用钱穆提出的"历史人生"的文化形态来进行概括:(它)不仅有集体的广大性,而且有历史的悠久性,这是一种更崇高的内心安乐,无与伦比的(境界)。〔2〕从这个意义来说,德育功能的实现和价值层次的不断攀升,必须仰赖于精神层次的不断提高和文化的演进。

三、大学精神增强德育的教育功能

德育的教育功能是相对德育的知识功能而言的,是德育对教育的其他子系统所发生的作用和影响。德育促进智育、体育和美育等的功能表现在德育

---

〔1〕 [德]雅斯贝尔斯:《什么是教育》,邹进译,生活·读书·新知三联书店 1991 年版,第 44 页。

〔2〕 参见钱穆:《文化学大义》,九州出版社 2012 年版,第 23 页。钱穆先生把文化分为三阶层。第一阶层是"小我人生",只求外面物质来保全自己生命之存在和延续的层次;第二阶层是"大群人生",在保全生命的基础上要求相互间的安乐,过集体的生活之层次;最高的是"历史人生",目的是求得人类内心更大的共同要求。

能为其余的教育内容提供导向、动力和保证的作用。首先，德育具有强化动机的作用，道德情感和道德意志能够激发学习的动机并提供持久的动力；其次，德育具有指明或调整行动方向的作用，德育为个体的学习提供行动的价值方向；最后，德育可以帮助个体养成良好的学习习惯和科学的学习方法，保证学习过程的延续。

教育本身是一种有价值的活动，每一种教育都蕴含着德育的价值。在教育没有学科化之前，教育和教学是糅杂在一起的，所以赫尔巴特说"没有无教育的教学"。近代以后，知识性的教学和道德教学出现了分离的局面，这一方面是由于学科知识体系的日益庞大提出了学科分化的要求，另一方面也是学校作为一个教学组织逐步制度化的结果。在此背景下，德育作为一门专门承担价值教育的学科独立出来，成为现代学科体系的一部分，德育课与自然学科、人文学科并列为学校的必修课程。尽管如此，教育的全息性质仍然要求德育与其他学科在教育价值上保持一致和连贯。

德育的学科化有利也有弊。其弊端在于，德育学科化后因过于强调知识性而忽视其教育性，知识的传授和价值传递割裂开来，导致德育育人功能的弱化。为此，人们提出"大德育"的概念。大德育是指德育渗透到所有教育教学的活动和环节中，且要求教育相关的人员全都参与到育人活动中。大德育之"大"体现在四个方面：覆盖面大而全、全员、全程和方法的全面。

大德育概念的提出有其特定的背景和意义，且大德育对德育学科本身的科学化、系统化和规范化提出了更高要求。德育的内容体系要科学分层，要适合不同阶段的教育对象的身心发展规律和特点。从人的类属性出发，人必须超越单子式的生存方式，与他人和社会实现共生，那么教育就应该以培养个体的共生性人格为己任，达到规范性和自主性的统一。从人的主体性出发，传统德育范式强调的社会本位、教师中心，已经无法适应当代德育环境的复杂性和多元性。现代德育在理念和实践上都开始转向以学生为中心、以活动为中心和以体验为中心的德育范式。从德育的生活化趋势出发，构建回归生活世界的德育体系已经成为改革的共同指向。

大德育应区别于生活德育。有学者指出，回归生活的德育在实践操作中的简单化有可能妨碍学生的反思意识和批判意识的生成。如此，将会影响学生对道德与意义之关联以及自我认同、生活价值等人生观问题进行关注和思考，进而遮蔽了德育的精神意蕴和应有的超越性。[1]另外，特别是学校作为"模拟的生活世界"所具有很大局限性甚至虚假性，在生活化德育的实践中出现了德育内容的简单化、德育过程的随意化、德育目标的浅薄化和德育价值的模糊和混沌等问题，这些都极大地影响了德育功能的发挥。而大德育希冀从理念上融合学校德育的规范性和生活德育的自主性，从实践上吸收传统道德教育和思想政治教育、公民教育、法制教育等教育形式的优点，打造具有全局性、系统性和整体性的德育体系，这将成为今后德育改革的方向。

　　大学精神能够增强德育的教育功能，在于它能为大学德育功能的实现提供优质的德育资源。大学精神本身所蕴含的教育价值使其成为一种可贵的隐形德育资源。"大学谓有大师之谓"，大师文化和大师精神是大学最宝贵的精神财富，对于德育的功效发挥和大学本身的发展也有极大的推动作用。梅贻琦认为学校育人之事有恃两个条件：教师之树立楷模和学子之自谋修养。[2]我国传统教育把学生模仿教师的人格修养过程称为"从游"，把善于引导学生的老师称为"善喻"者。"喻"是不言而喻的意思，所以大师的风范是自然流露并使人耳濡目染的，大师的精神体现在他经世治学、为人处事的点点滴滴之中。"从游"一事，学生对大师起先是一种观摩和模仿，继而被大师的学识和道德风范深深折服并自觉传播之、继承之。孟子曰："观于海者难为水，游于圣人之门者难为言。"（《孟子·尽心上》）这说明了大师精神的吸引力和凝聚力对于学生的人格塑造之积极作用。

　　大学精神对德育教育功能的第二个作用主要体现在它营造了一种包括教风、学风在内的校风。大学精神是大学在长期的办学过程中通过师生员工的共同努力积淀和传承的产物，良好的校风是大学精神的外显。而校风通过校训、校歌、校徽、校史等外在的形式予以表征。大学精神通过校风的潜移默化变成大学师生共同的行为准则和道德规范，这种无形的德育资源正是目前的学校德育所稀缺的。

　　大学精神的作用机制与隐性课程类似，不同于显性的德育课程和德育活动的直接性，大学精神是通过个体在学校的整体环境中，通过师生交往和相互影响所产生的交互作用，让个体学习环境中的价值原则并对价值因素产生

---

〔1〕　参见李绍伟："社会教育的德育功能研究"，中国矿业大学 2014 年博士学位论文。
〔2〕　梅贻琦："大学一解"，载《清华学报》1941 年第 13 卷第 1 期。

了经验性的解析，从而影响个体的认识、态度、观念和价值。但是，大学精神与隐性课程也有所不同，隐性课程虽然没有被列入正式的德育课程体系，但隐性课程的开发和利用已经成为学校教育的常规性工作，它的形式、理念、内容和模式相对比较稳定，而且带有较明显的指向性和规范性。而大学精神育人的内涵更为丰富，作用的教育场域更大，它在精神层面上统领着校园文化的价值取向并引领学校的未来走向，并通过教学、管理、服务、校园文化、器物文化等对学校师生的精神世界产生重要影响。相比德育隐性课程，大学精神育人的优点在于环境自由、宽松、自然，所以大学精神的渗透性很强。

总之，大学精神对德育功能具有批判与反思、超越与引导、凝聚与增强的作用，这是由大学精神特有的品质所决定的。对大学精神育人的探索，是我们未来德育改革的方向，也是我们把握未来德育形态的突破口和可能的选择。

第三节　大学精神净化育人环境

学校德育不是一个孤立的岛屿。它的得失成败不但与学校的整体环境息息相关，而且与社会的大环境密不可分。现代德育越来越关切人与环境的契合度，关注环境育人的功能。而对德育环境的研究，近几年开始转向借鉴生态学原理，并遵循生态学原则进行德育生态环境研究。换言之，德育生态研究是针对制约和调控德育功效的各种外部条件、中介系统、内部结构、价值要素、影响因子、作用机制等展开了系统的研究。对德育生态环境的系统研究和建构，意味着人们对复杂的德育活动规律有了进一步的认识，并自觉把德育置于一个更为广阔的社会空间加以考量。

狭义德育环境是指教育者为实施教育目标而设置的具有教育因素的环境。[1]生态系统论中的德育环境是广义的概念，指的是围绕在德育活动周围的对个体的思想品德、成长成才、个性塑造产生影响作用的各种客观事物的总和。当然，环境创造人，人也创造环境。一方面，学校德育是特定社会环境的产物，它由一定的社会生产力的发展水平，以及政治、经济、文化等状况决定，并受到各种各样的社会环境因素的制约和影响；另一方面，德育通

---

〔1〕　参见顾明远：《教育大辞典》，上海教育出版社1998年版，第107页。

过生产各种各样的精神产品和物质产品，尤其是还"产出"特定价值观念的人，反过来对社会环境产生了或积极或消极的影响，发挥推动或阻滞社会发展的作用。

根据德育活动的范围分类，德育环境可以分为德育生态的外部环境和德育的内部环境。从层次上来分析，可以分为德育的宏观环境、中观环境、中介环境和微观环境。从内容上来分类，德育环境可以分为自然环境（物质环境）和社会环境（精神环境）。从对德育产生作用的程度来区分，又可以分为表层、中层和深层的德育环境。从对德育产生作用的机制来区分，还可以分为"软"约束环境和"硬"约束环境。不一而足。人们可以根据不同的分类标准对德育环境分类，事实上人们对德育环境的分类都是根据自身的研究需要而定的。但是，环境对德育发生的作用却是系统性和整体性的，并永远处于一种动态的平衡中。环境本身的复杂性和德育环境构成要素的交叉性决定了德育环境的研究范式是多学科交叉研究，人们无法采用传统结构功能主义的研究范式对德育环境加以封闭、静态和单一的研究，而只能转向一种开放、动态和系统的生态学研究范式。

生态学研究范式要求我们在建构德育环境时把握两个统一：一是学校德育环境系统构成要素的多样性与价值取向内在一致性的辩证统一；二是系统各要素关系的有机和谐与系统整体的动态平衡之间的辩证统一。[1]为此，学校德育应该确立系统建构的原则，树立协同育人的大德育理念，以开放的心态批判吸收社会环境中有益的德育资源。同时，学校也应主动地参与并影响社会德育环境的建构，突破传统德育功能阈限，担当环境育人的主角。

通过以上对德育环境的简要分析，结合大学精神的特性，我们认为大学精神在德育环境中所处地位和角色，既是隶属于文化环境微观层面的、对德育价值内核产生深层影响的因素，又是具有"软"约束力量的深层环境资源要素。接下来，我们将逐条分析大学精神对优化德育环境可能产生的作用，以此论证大学精神的育人价值。

一、作为德育文化环境微观层面的大学精神

作为大学文化的一部分，大学精神的作用场域主要在大学校园，这决定

---

〔1〕　参见冯秀军："现代学校德育环境的生态建构"，载《教育研究》2013年第5期。

了它对德育环境产生的影响集中在校园这个微观环境的层面，且特定的大学精神内涵会对特定时空内大学的育人功能产生巨大的影响。概而言之，大学精神对德育环境的影响主要表现在以下三个方面：一是规定与指引作用；二是熏染与陶冶作用；三是制衡与净化作用。

首先，大学精神对大学的德育环境起到了规定和指引的作用。现代大学精神是工具理性和价值理性的统一、人文精神与科学精神的统一，它能够对德育的微观环境即大学内部环境的价值取向起到"定性"和"定向"的规制作用。现代德育之所以在大学遭遇困境，根本原因在于大学的工具理性僭越价值理性，造成了大学的"知性取向"和功利主义占据绝对主导的局面。大学迷失在理性的歧途而忘记了大学的根本使命——追求真理和至善之境，以至于大学退化成了知识"工场"和"职业培训所"。大学自诞生以来，一直承载着育人和传承文化的使命，并成为社会文化的风向标，"大学有时应本于所信的价值，成为社会风尚的定力，成为文化的指针"[1]。而现代大学对大学的理想时有背离。

当现代性遭遇危机，人们对理性和现代性的严厉批判、大学精神的复归和价值教育的复位也成为最普遍的共识和呼求。在大学的物质文化、制度文化和精神文化共同组建的文化环境中，精神文化（大学精神）始终规定大学文化的精神内核，决定了大学文化的走向和性质。同时，"万变不离其宗"，大学精神对一所大学的大学理念、大学理想、大学目标和办学宗旨等起着统摄作用。如一所大学的大学理念都是从该大学已有的办学经验总结得来的，也是结合现实的需要和未来发展的方向制定出来的。大学理念不但要回答当前发展碰到的现实和理论问题，也要回答未来发展可能出现的问题。但是，没有理论创新、质疑、反思和批判的大学精神作为支撑，很难想象这样的大学理念能经得起时间考验。大学的理想、目标和宗旨也要接受大学精神的质的规定。如果大学理想与大学精神发生冲突，大学理想的实现就要受阻。而作为德育环境重要组成部分的大学文化由大学精神来规定，同样德育环境的价值取向也要接受它的规定。换言之，虽然构成大学德育环境的文化因子一直变化，但德育文化环境的价值内核是相对固定的，大学精神在很长历史时期内对德育的文化环境发挥着"定海神针"的作用。

---

〔1〕 金耀基：《大学之理念》，生活·读书·新知三联书店2001年版，第43页。

为什么说大学精神具有指引大学育人的总体方向的作用呢？大学自诞生之日起就是一个育人的场所。"培养什么人""为谁培养人"是大学的根本问题，也是德育的宗旨所在。但功利主义的德育观导致了大学"听命于知识，听命于金钱，听命于国家，而独不听命于他自己"[1]。功利主义和实用主义的德育观由于过分迎奉现实，漠视人的精神成长，使大学自身丧失了对社会文化的批判能力和文化创造能力。尤其是在文化多元的现时代，社会文化缺乏一股质疑现实、崇尚理想、超越庸常的文化"清流"，大学更应致力于培养出具有"独立之精神，自由之思想"的人，以彰显超越时代的精神和勇气。

德育除了社会功能还有个体功能和教育功能，而德育的个体功能既有生存和发展的功能，也有使人超越、让人享用的功能。超越是人的本性，人的超越性决定了他不止于满足于适应环境，还要主动选择和建构环境，成为环境的创造者。正是在这种现实性和超越性的张力之间，人类通过批判和改造现实释放出了巨大的能量，从而推动了社会和人本身的发展。大学精神的价值在于肯定了人的超越性，肯定了人的自由全面的发展是德育的终极目标和方向。所以说大学精神对于德育育人具有指引方向的作用。

其次，大学精神对德育环境具有熏染和陶冶作用。德育文化环境由物质文化环境和精神文化环境两部分组成，前者对人的影响也不可小视。"人性如素丝，染于苍则苍，染于黄则黄"（《墨子》），说明环境对人的影响之大。好的环境对人的作用方式犹如燃料色一样通过浸润式的、潜移默化的方式陶冶人的言行。大学的景观建筑、结构布局、微观装饰，或大气庄重，或精巧雅致，给人的感官以美的享受。大学的校徽、校识、校旗等都是具有文化象征意义的器物，浓缩了学校的过往和人文精华，蕴含着学校的理念和理想、价值与目标，给人以智慧和思想的启迪。现代大学越来越重视开发物质（包括器物）环境对人的教育潜能。

德育的精神环境则经由文化、意识形态、教育等中介对人的道德发挥着更为深刻和巨大的影响作用，表现在以下三个方面：一是环境中的教育因子通过教学内容、规章制度、法律法规等影响人的道德判断，启发人们在学习和观察中鉴别、反思和判断；二是环境影响人的态度和信念，校园文化环境

---

〔1〕 刘以恒等：《世纪之交的教育选择从生存的角度看教育》，湖北教育出版社 1994 年版，第 120 页。

中的意识形态因子通过文化氛围和文化活动直接或间接地影响着人们对事物的基本看法，使人对某种价值产生怀疑或确信；三是文化环境中的文化因子影响人的世界观、价值观和人生观。文化中体现真善美的人、物、事给人的思想以冲击，启迪人们批判现实、思索人生。

文化是"化人"和"人化"双向过程之统一。文化本质上是人的生活方式的总和，所以特定的文化总是蕴含对世界、价值和人生的看法。优秀的文化能够通过文化传承穿越时空，实现不同时代的文化共享。人在文化中被影响、被教化和自我生成，这个过程本身是浑然不觉的。大学文化并非如此，大学的物质文化环境和精神文化环境均体现了大学精神，因为文化环境对人进行塑造的力量正是来自于大学精神。对于个体来讲，大学的自由、批判、超越和人文精神能够提高个人的道德层次和精神境界；对于群体来说，大学精神能够催生出一个超越现实个体价值、对社会文化展开批判的且具有强烈理想主义情怀的现代知识分子群体。知识分子群体被赋予了文化创新和批判社会的使命，知识分子群体的出现是大学为社会秩序提供精神支撑和思想整合的主要力量。申言之，正是大学的知识分子践履了"大学之道，在明明德，在亲民，在止于至善"的大学精神内涵，他们的人格特质和精神产品反过来也成为大学精神的重要组成部分。

最后，大学精神对德育的文化环境还起到了制衡和净化的作用。现代大学早已不是昔日遗世独立的"象牙塔"，而日渐成为社会的轴心。大学作为聚集了最多社会精英的场所，人们对大学的期望远比它本身能够满足社会的还要高。没有大学精神的大学，好比缺乏免疫力的人体缺乏抵挡病毒的能力，在泥沙俱下、良莠不齐的社会文化面前缺乏一种过滤筛选的能力。

今天，在大众传媒的助推下，物质主义的消费文化、拜金文化、娱乐文化等，对来自官方的主流文化和来自大学的精英文化造成了强烈的冲击。大众化生产、大众化传播和大众化消费的大众文化因其生产成本低廉、快捷复制、追求感官刺激等特点呈现了抗衡主流文化和排挤精英文化之势。面对大众传媒的迅猛发展，雅斯贝尔斯曾感到无比忧虑："只要通过利益与权力就可以占有那些不会自己思考、缺乏反抗精神的芸芸众生的灵魂"[1]。对大众文

---

〔1〕 [德] 雅斯贝尔斯：《什么是教育》，邹进译，生活·读书·新知三联书店1991年版，第124页。

化批判得最为深刻的法兰克福学派也曾尖锐地指出，大众文化意味着个性、主体性和真实性的迷失，从而成为消解阶级意识和批判意识、为现存的社会秩序辩护的意识形态。阿多尔诺把文化工业视为"欺骗群众的启蒙精神"，他认为"在文化工业中，个性之所以成为虚幻的，不仅是由于文化工业的标准化，而且只有当自己与普遍的社会完全一致时，他才能容忍个性属于虚幻的这种处境"〔1〕。大众文化还在资本主义全球化扩张中扮演了先锋角色，以美国为首的西方发达国家借用大众文化的传播方式输出其精心包装的"霸权文化"，以形成资本主义意识形态的扩张之势。这对我国的大学文化生态建设和大学德育提出了新的巨大的挑战。

在这一背景下，大学文化是被动接受文化生态失衡的现状，还是主动消解它们对育人的消极影响并努力寻求制衡？大学应该坚守思想文化的重地，这在今天似乎已经不是一个选择的问题，而是不得不为的文化使命。大学文化要在坚持大学精神的基础上，对社会文化发挥文化批判和文化整合的功能，同时充当外来文化的"净化器"，这样才能体现出大学为社会发展和现代化进行价值定向的功能。

要高度重视德育文化在社会文化中的地位，发挥大学精神在建构先进德育文化中的价值和影响。大学精神和大学德育是相辅相成的关系。一方面，大学精神作为促进文化转型的力量，也将在萃取和继承传统文化精华的基础上，激发人们文化价值观念的质变，提升文化的精神品位和思想层次，最终创生出能够超越社会现实和引领社会健康发展的德育文化。先进的德育文化能促使大学更好地满足人的发展需求。另一方面，德育文化从量变到质变也会催生出新的德育范式，研究者在研究德育问题时开拓视野、解放思想，既要高度重视德育文化的自觉意识，也能及时地对社会变革作出回应。所以说，"学校德育作为保守者，承担着传递道德文化的功能，而作为变革者，也为社会道德的革命和社会变革提供了具有品德新质的革命者和实践者"〔2〕。

二、作为德育深层影响的大学精神

社会环境根据其对德育产生影响的现实性和可能性，可以划分为被德育

---

〔1〕［德］马克思·霍克海默、特奥多·威·阿多尔诺：《启蒙与辩证法哲学片段》，洪佩郁、蔺月峰译，重庆出版社 1990 年版，第 145 页。

〔2〕檀传宝：《德育原理》，北京师范大学出版社 2016 年版，第 274 页。

影响的社会环境和作为影响源的社会环境。大学精神虽然是客观存在的，大学精神对德育活动的影响却要主动施加，且大学精神并非能够对每一所大学的德育都产生正面的、积极的影响，因此我们把大学精神看作一种德育环境的影响。同时，与外围的和中介的社会环境发生作用的机制不同，大学精神一旦产生影响，将直接触及德育精神的内核和本质，甚至引发德育范式和德育形态的变革，所以我们又将大学精神称为深层的影响因素。

大学精神是大学文化中最深层次的核心内容，作为彰显大学特质的文化内核，它折射出一所学校的办学理念、气质特征和精神面貌，集中反映了学校师生共同的价值观。以校训为例，大学精神通过校训予以表达。有的校训反映大学的办学依据、原则和目标等，有的校训则明确对师生的道德规范和行为要求，还有的校训表明了育人的主张和方向。优秀的校训能够给人以情绪感染并陶冶情操和启迪哲思，给人以强烈的积极的暗示。在特定的历史时期，优秀的校训还能够转化成对师生强大的号召力和行动力。如西南联大的校训"刚毅坚卓"，是联大在国家危亡时期向师生表达众志成城、抵御外辱的决心和信念。正是在"刚毅坚卓"之精神的激励下，西南联大人在艰苦卓绝的环境中一边抗日一边办学。他们抱定抗战胜利之决心，"维三校，兄弟列。为一体，如胶结。同艰难，共欢悦。联合竟，使命彻"[1]。还比如清华大学的校训"自强不息，厚德载物"，取义于《周易》当中的"天行健，君子以自强不息；地势坤，君子以厚德载物"，是中华传统文化中君子人格的现代表达。在20世纪初国运艰难、救亡压倒启蒙的大背景下，该校训的提出要求清华人在尊重自然规律、效仿天地之宽厚品格的前提下为民族崛起而奋发图强。南开大学校训"允公允能，日新月异"，则在告诫师生要超脱个人私利，以国家利益和民族复兴为目标尽己所能，追求精进和创新。而复旦大学的校训"博学而笃志，切问而近思"，取自《论语·子张》，旨在劝勉师生立足于现实，坚定志向，勤奋学习和思考。

国外的校训也是如此。哈佛的校训是 Veritas（真理），悉尼大学的校训是"繁星纵变，智慧永恒"，香港大学的校训是"明德格物"，汉城大学的校训是"真理至善"，剑桥大学的校训是"求知学习的理想之地"，德国的柏林洪堡大学则借用马克思的名言"哲学家只是用不同的方式解释世界，而问题是

---

〔1〕 冯友兰："国立西南联合大学纪念碑文"。

改变世界"作为校训，等等，这些饱含哲学智慧的名言警句凝练了东西方文化中最核心的世界观、价值观和知识观，给人以暗示、哲思和启迪。所以说大学校训是大学精神的外在表现，是大学之"魂"的现象表征。以文化人，以"魂"育人，触及的都是人的价值观中最核心的层面。大学师生在这些校训的熏陶下，自然会产生崇善求真的愿望，感受到一种积极向上的优良学风，形成健康和高尚的人格也是指日可待的事情，大学实实在在地成了师生共同的精神家园。

大学精神对德育环境的深层影响，还体现在大学师生走出校园还不忘自觉践行母校所彰显的大学精神。母校给师生镌刻上了精神上永远的"印记"，随着时间的推移，这些印记在他们的身上形成了相对稳定的精神状态，折射出一所大学的整体面貌。钱理群认为，北大之所以为北大，是因为它拥有一大批"体现了人类与民族的良知，一代知识分子的品格，显示着精神的力量，具有人格的魅力的教授"[1]。易言之，这些学者和教授既是大学精神的践行者，同时大学精神也通过他们的言行、学问甚至生活方式诠释和散发，并不断丰富了大学精神的内涵。前文我们已经论述过身教的德育价值，这里还需要特别指出的是，与学生朝夕相处的学者们的学识风范更是对道德学习的身教和垂范，其产生的影响是巨大而深远的。冯友兰从哥伦比亚大学毕业一个甲子后，回到母校演讲时还不无感慨："他们（指老师们）的音容，他们对我的教诲和帮助，都记忆犹新，历历在目"。[2]母校是一个极富内涵的概念——精神之母，力量之源。很多人之所以矢志不渝地追求真理和忠于信仰，无不是在践行母校对自己精神的嘱托。

当然，作为德育环境深层影响的大学精神虽然在一定程度上体现了它的现实德育价值，但是要达到大学精神对人的影响的最大化或最优化状态，仍然需要从机制、中介、资源整合方式等方面展开更深入的研究。

三、作为德育软约束力量的大学精神

还应该看到，大学精神除了对个体思想具有教化、陶冶、引领等影响，

---

〔1〕　钱理群："周氏兄弟与北大精神"，转引自吴丕、刘镇杰编：《北大精神》，现代出版社2015年版，第239页。

〔2〕　涂又光编选：《冯友兰选集》，天津人民出版社1994年版，第484页。

还对师生的言行具有强大的约束作用。相比政治、经济政策对德育的直接影响，文化对德育的影响要间接、温和得多。大学精神对德育的影响是通过赋予个体使命感、责任感，促使个体在一种不知不觉的状态下追求知识、完善人格以及造福社会实现的，所以我们又把大学精神称作具有软约束力量的环境因素（资源）。大学精神之所以能够对德育环境造成一种"软约束力"，是因为大学精神本身具有的道德性、规约性。大学精神作为文化内在地包含了对知识、道德和信仰的要求，其中道德和信仰是对知识发展的约束性和推动性因素。

大学精神对德育环境产生约束力的作用机制，主要通过现代大学制度的作用来实现。从功能主义的角度来看，制度文化是指人们为了生存和发展主动创制出来的规范体系，制度文化是文化的重要组成部分。大学的制度文化是指大学的存在必须遵循的规范体系和文化心理调适制度。[1]一般认为，大学精神是大学制度文化的思想基础，大学精神决定大学制度文化的价值层次和向度，而制度文化是大学精神的具体体现，对大学精神的实现起到了外部规制和保障作用。

制度文化介于物质文化和精神文化之间，在大学运转中发挥着不可替代的功能。大学制度文化也深刻地影响着大学的教育教学和精神交往活动。现代大学制度体系的科学构建要建立在对制度精神和制度伦理全面把握的基础之上。换言之，要建立科学的现代大学制度必须要保证其思想基础及精神主旨符合现代大学的特征，否则，一切冠以"现代大学制度"的建制和改制活动都只能是权宜的、表面的，实际产生的效果只可能是暂时的、消极的。

现代大学制度建设对大学精神文化也提出了很高的要求。首先，它要求大学本身具备培养人才、发展文化和引领社会文明与进步的特质，要求大学成为追求知识和发展文化的理想场所，成为大学师生的精神家园，没有这个基本前提，所谓的制度建设只是"换汤不换药"或者"治标不治本"；其次，现代大学制度建设不能采用"拿来主义"的态度，不能依靠简单的制度移植来完成，而要寻找或培植适合制度生长的文化"土壤"，培育出能够体现学术发展逻辑、张扬学术权力、反映大学教育价值的制度文化。其中，大学章程

---

〔1〕 参见林晓："大学制度文化与养成教育的关系探究"，载《南京航空航天大学学报（社会科学版）》2016年第1期。

的精神建构是重点。大学章程是现代大学制度建设和大学内部治理的总纲领，集中反映了大学的制度框架和制度精神，它以"根本大法"的形式确立了大学存在的合法性。大学章程建设不仅仅是制度的建构，更要考虑大学自身的价值取向、思想观念和理论基础等精神层面的建构。有学者指出，大学章程文本的效力取决于其内在的精神品格。理想的大学章程应该体现出学术自由精神、民主共治精神、依法治校精神和责任伦理精神，它们分别是现代大学治理的核心要素、精神实质、思想基础和价值归宿。[1]总之，现代大学制度要获得合法性权威，须以大学精神为导向，以制度文化为支撑，以平衡大学的工具性价值和目的性价值为目标。大学制度的精神构建要与大学精神的价值目标相向而行。

当然，仅仅处理好现代大学制度与大学精神的关系还不够。现代大学制度作为世界范围内现代大学实践的产物，发展沉淀下来一些共性的精神价值和制度特征。比如学术自由制度、大学自治制度等，如何落实它们将极大地考验制度制定者的智慧。各国的国情和历史不同，在实践中我们仍需要仔细甄别，在尊重知识生产和育人规律的前提下，正确处理它们与传统文化的适应性问题，正确处理大学内部的各种关系和大学与国家、社会和政府的现实关系。只有满足以上两个条件，现代大学制度才能成为一种真正有效的制度力量，才能保证大学在制度和伦理的框架下的健康运行和发展，并保障大学顺利实现学术、育人、服务社会和传承文化的各项功能。

大学精神对德育产生软性约束力的另一个作用机制是校园文化建设。校园文化是大学文化的重要组成部分。狭义的校园文化是指在校园空间内开展的以学生为主体的课外文化活动。校园文化建设也是学校育人不可或缺的环节，是体现学校育人理念、办学特色和校风学风的重要平台。校园文化建设的目标是通过实践活动使学生形成价值观念、道德规范、行为规范和生活方式等，帮助实现育人的总目标。

从微观上来分析，受"朋辈效益"的影响，在校园文化活动中学生之间的互动会帮助他们评估和调控自己的行为，进而使之习得学校的文化理念和规章制度，使他们逐步融入集体当中，形成良好的道德行为习惯。校园文化本身的互动性和渗透性特点还能使德育的个体功能有效发挥，事半功倍。从

---

[1] 参见董雅华："大学章程的精神建构"，载《复旦教育论坛》2017年第1期。

宏观上来看，积极的校园文化活动有助于营造良好的校风。校风本身就是一种特殊的环境要素，这种看似无形的要素可以变成影响学生成长的精神力量。在生机勃勃、积极向上的校风中，整个校园变成了一个德育的场域。师生在这个场域中得到情操的陶冶、心智的锻炼，不自觉地认同学校的行为准则和道德规范，进而产生了作为学校一员的责任感和使命感，使校园这个场域充满了巨大的凝聚力和向心力。

优良的校园文化更是有助于帮助学生的德性的养成，启迪学生的智慧，促进学生知行合一。我们还应该重视仪式感的教育，校园仪式活动对学生产生的德育意义。涂尔干就曾把宗教看作由信仰和一系列仪轨组成的体系，仪轨衍生出了法律和道德。申言之，校园文化仪式也要通过仪轨衍生出制度文化和德育文化。因为校园文化活动可以通过创造仪式感让师生进入一个特殊的场域，场域中的象征物、规则和符号能够创造虚拟的场景，使参与者获得一种非凡的情感体验，进而把赋予仪式的象征意义内化为个体的道德情感和道德认知。学校通过校园仪式传递文化和大学精神，表达价值观和组织目标，是一种集中且"隐蔽"的德育活动，效果往往是持久而有效的。因此，要重视开发校园仪式活动如校庆、校友返校日、开学典礼、毕业典礼等常规性校园仪式的德育功能和德育价值，精心设计仪式的主题、内容、种类、符号的应用等，调动参与主体的积极性和创造性，体现大学精神的内涵和魅力。[1]

通过以上探讨我们可以得出结论，大学精神作为一种优秀的德育环境资源，理论上可以在育人中发挥重要的作用。同时应该看到，德育的生态系统是个巨大系统，其复杂性、开放性、无序性的特点决定了要对它采用整体的、动态的方式进行把握。到目前为止，人们对这一系统的内部结构和要素的层级关系还不清晰，对该系统的自变量和因变量的影响机制以及各种变量之间的关系研究也有待深入。因此，我们有必要借鉴生态学、信息论、控制论、运筹学、工程学等新兴学科的方法和思维方式，开拓新思路，开发新范式，以实现德育资源的有效配置和系统优化为目标，展开对大学精神资源的研究和开发。

---

〔1〕 参见杜玉波："深化社会主义核心价值观培育践行　推动思想政治教育工作创新发展"，载《中国高等教育》2015年第5期。

大学精神的育人机理

大学的独特气质体现为大学精神，大学精神作为一种统摄大学办学理念、办学宗旨和办学理想的力量，必然会对大学育人产生深刻的影响。大学精神作为大学发展的软实力，不但是大学自身发展的动力，而且也是大学生成长的精神动力。大学精神通过教学教育活动、大学教师的行为示范、校训、校歌、校徽以及校园文化活动等辐射并渗透到大学生的灵魂深处。它作为一种德育影响悄然发生作用，影响大学生的思想和行为，因而在整个大学育人的体系中发挥着无可替代的作用。本章对大学精神育人机制研究的意义在于，通过分析大学精神育人的过程和发生作用的机制，来揭示育人的特点和规律，进而优化德育的整体环境，促进大学育人活动的健康发展。

第一节　从转化到生成：大学精神育人的过程

一、大学精神育人的特点

大学精神育人的过程，是结合社会对大学育人的要求，确立以大学精神为主的价值目标，通过有目的、有计划和有组织的影响，运用科学且恰当的方法对大学生施加影响的过程。与其他德育过程的特点一样，大学精神育人具有正面性和复杂性等特点，同时，大学精神的育人过程还呈现出强烈的生活化和交互主体性特征。

不管是哪种德育过程，首先要选择正面的价值和正确的德育方式方法，其中价值的选择是首要任务。价值的正面性可以从它是否有利于社会发展和个体发展的两方面角度予以判断。一般来讲，正面的价值能够较好平衡社会发展和个人生活幸福之间的关系。大学精神育人的过程具有很强的正面性，这是因为大学精神本身就是一个完整的价值体系。大学的理性精神、自由精神、人文精神和创新精神等，本质上就是理性、自由、人文和超越等正面的价值观念的集中体现。这些价值自由组合，成为各个大学的精神风貌，反映出一所大学人共同追求的价值理想。这些价值观念一方面起到了凝聚人心并促进大学发展的作用，另一方面通过大学精神的学习和生活的实践内化为大学人共有的价值观，成为教育者和受教育者自身发展的动力源泉。因此，大学精神的价值正面性不言而喻。在不同时期和不同地区的大学，教育的内容虽然以实用价值的知识和技术为主，但教育的目标不会囿于现实的生存，而是不约而同地激励师生或追求真理和自由，或张扬个性，或传承人文，或质疑批判，或敢于创新，或几种兼而有之，这些都是超越性的价值观念。如清华大学的自强不息，北京大学的自由民主，西南联大的坚毅卓绝，南京大学的诚朴坚毅等，这是大学在共性之外的特色与个性，但无不指向真、善、美等终极价值目标。

其次，大学精神育人活动的正面性还体现在它的方式方法上。大学精神经常通过外在的形式，如校训、校歌等彰显，它们大都言简意赅、琅琅上口、寓意深刻，给师生以启迪和精神激励。而包括校徽、校标特别是校园的标志性建筑等在内的器物文化，则用一种无声的语言、生动的形式展示出大学的审美定势和价值追求。器物文化，一方面表达着大学师生的审美指向和要求，另一方面以美的形象赋予了人们追求美好事物的勇气。如北大的未名湖、清华的二大门、南京大学的北大楼、浙江大学的钟楼和复旦大学的双子楼等，作为几代大学师生生活和学习的场所，这些景观和建筑本身既是大学历史的缩影，承载着师生的共同记忆，又表达了特定的精神追求。它们是大学精神育人的活教材。

另外，大学精神还通过教学、校园文化活动、师生交往等隐性的教育方式，对受教育者和教育者自身产生积极的、潜移默化的影响。正面的教育方式可以有效抵制或消除负面的社会影响，因为"革除旧的观念，并不一定从阐明什么不好，为什么不好开始，而是从安排另一种生活实践开始，让学生接触另一些人们的行为……"[1]大学精神育人的过程，即为受教育者安排一

---

〔1〕［苏联］伊·斯·马里延科：《德育过程原理》，牟正秋、王明辉译，人民教育出版社1985年版，第58页。

种以追求真理为鹄的精神交往实践活动。同时，大学精神几乎弥散在大学师生活动的各个角落，通过校园景观、建筑、师生互动、教学活动、文化活动等，自然而然地营造出一个完整且富于道德意蕴的生活世界。在这个生活世界里，大学精神正向的价值观念得以传递，并通过人影响人，通过环境感染人，通过活动触动人，渐渐地使个体从封闭的自我世界中解放出来，主动融入环境，最后获得感性、理性和德性的共同成长。

首先，大学精神育人的复杂性表现在它是一个由德育、智育、美育、体育等共同发挥影响的综合过程。影响大学精神育人过程的因素是多方面的，既有历史条件的制约，又有现实社会环境的影响，同时也受制于具体的教育目的、任务、方法和途径等过程因素。其中，教育目的对大学精神育人的影响是最大也是最直接的。教育目的是关于人才规格的规定，实际上并非总与大学精神的价值目标吻合，反而时有冲突。比如教育总体目标中强调纪律精神的培养，而大学精神强调自由精神，自由和纪律看似相反，但深究下去就会发现，纪律和自由实则是一对相反相成的概念，没有无边界的自由，也没有否定自由的纪律，自由是纪律之下的自由，而纪律是以保障大多数人自由为目的的纪律。这就需要大学精神在具体的育人活动设计时要展现出一定的张力，以平衡或调和不同层级的教育目标之间潜在的矛盾和冲突。

其次，大学精神育人的复杂性还体现在育人过程中德育心理发生机制的复杂性和多端性。德育心理包含的知、情、意、信、行五个环节几乎是同时发生的，并且相互交叉渗透，它们在大学精神育人的过程中发挥着同等重要的作用。比如在一些重要的教育仪式中，既包括对校史和校情的教育，又包括爱国爱校等情感的增强，知和情的产生机制几乎同步。在教育仪式中，有些是通过树立正面的榜样来激发情感，目的是增强个体践行某种价值的意志，情和意的作用机制合一。知、情、意的合力，最后才能促使人们求真、崇善、历美的行为发生，大学精神育人的过程得以完成。教育仪式的育人效果不可小觑。据马寅初回忆，北大建校 29 周年之际，北大校友自发在杭州举行纪念活动，他不由地感叹：“可见吾北大形质暂时虽去，而北大之精神依然存在。”[1] 这也充分说明大学精神的育人活动对心理产生的影响深远。

德育既要启迪心智，也要触动心灵，只有触动心灵的德育才有效果。当

---

[1] 杨东平编：《大学精神》，辽海出版社 2000 年版，第 26 页。

前德育实效性较低，很大程度上是由于德育目标的功利化和德育过程的"去生活化"。前文我们就有所论及，为国家政治或经济发展的目标服务容易导致德育的功利化。在功利主义的驱使下，德育内容受德育目标的钳制，也被"过滤"或被"裁剪"成一个脱离生活世界和个体生活经验的话语体系。这样就把受教育者的真实理解和内心体验阻挡在了教育之外，受教育者的心智不是得到启迪而是遭受蒙蔽。与此相应地，德育也被简单处理为一个道德知识的灌输过程。本应与生活密切相关、富含道德意蕴和生命活力的道德活动退变为只要求受教育者对道德规则和规范的俯就遵从。加之传统德育严重忽视道德情感和道德意志的培养，现实中知而不行、知行不一的现象非常普遍。这种"去生活化"的学校德育，无法回应主体的需要，更不能与社会生活和时代精神互通共融，德育的实效性自然也只能徘徊在一个很低的水平。

与传统德育的过程模式相反，大学精神育人的过程呈现出与生活化德育相近的特征。主要是因为大学精神育人的形式多样，并且载体丰富，在鲜活的生活化教育情境中能够达成引导认知、陶冶情感、凝聚意志、激发信念和规范行为的效果。大学精神通过丰富的文化、艺术和学术活动，来营造浓厚的学术氛围和优良的校风学风，这种生活化的场景和情境更容易让人浸染其中而浑然不觉，师生之间、学生之间的相互交流和影响，如水中之鱼，从游仿效教师的言行极为自然。这种生活化的场景经常出现在课堂上。"如果是讲他（钱理群）热爱的鲁迅，有时你能看到他严重湿润、闪亮的泪光，就像他头上闪亮的汗珠。每当这种时刻，上百人的教室里，除了老钱的讲课声之外，静寂得只能听到呼吸声"[1]。在以"大师之谓"的大学里，大师作为人格化的大学精神，教育者和大师们在生活、学术和为人等方面的垂范，更是对周围的人和环境产生了深远的影响。甚至于校园的景观和建筑也让人感觉折射出大学精神和道德意蕴。

大学精神育人的这种生活化的特征，正符合陶行知对生活教育的定义——"以生活为中心的教育"。陶行知提出"没有生活做中心的教育是死教育"[2]，以强调生活与教育密不可分——教育必须在生活中进行，同时教育应该服务

---

〔1〕 柳哲："精神寻梦在北大：游学燕园六年记"，http://news.xinhuanet.com/2003-07/content_968527.htm，最后访问时间：2018年3月12日。

〔2〕 孙培青：《中国教育史》，华东师范大学出版社1992年版，第744页。

于人类的生活世界。德育的目标、内容、过程、方法都要能够贴近现实生活，否则就是一堆空洞的说教。大学德育更要回归生活世界，激发师生的内在体验，调动人们的主动参与，而不是消极的等待和被动的灌输。

大学精神育人同时也是一个主体精神生成的过程，它强调教育者和受教育者在同一过程中的精神交往和相互作用，所以呈现出明显的交互性和主体间性的特征。当前，德育模式整体上逐渐从主体性教育转向主体间性教育，这是因为现代社会中人和人之间的精神交往关系发生了改变，主体性教育难以有效解决德育过程中的沟通问题。在这种背景之下，主体间性的德育呼之欲出。当然，主体间性并非否定主体性，相反，"主体间性……以个人主体性为基础。如果个人不成其为主体，不具有主体性，人与人之间就不会有主体间性"〔1〕。可见主体间性强调的是主体与主体之间的统一性。基于此，哈贝马斯提出了沟通有效性理论——在同一个话语体系的前提下，所有的参与者和潜在参与者都有相同的话语参与权、解释权和辩护权等，这样才有可能实现有效的沟通，并达到"理想沟通情境"。而不在一个话语体系中的人们要想进行有效沟通，必须首先学会对方的话语体系或重新置身于一个共同的话语体系。〔2〕

一般认为，在大学精神的育人过程中，教育者和受教育者同属于一个交往语境，因为"大学任务的完成还要依靠交往的工作"〔3〕，所以主体之间的交互关系相比其他的德育模式更为明显。在此过程中，两者不仅仅是施教和受教的关系，更是同一个"学术共同体"中的参与者和合作者。该过程的互动性禀赋与哈贝马斯的主体间交往理性具有一些天然的交集，因此，在大学精神育人活动中，应更多地创设师生交往的"理想沟通情境"，让教育者和受教育者都把对方当作自己认识和活动的对象，且两者组成的"学术共同体"都以追求真理为共同的目标。雅斯贝尔斯认为因真理有时是不可言说的，师生的对话实际上已经超出了语言的限度，变成了纯粹的精神交往。所以说在

---

〔1〕　中共中央马克思恩格斯斯大林著作编译局编：《马克思恩格斯全集（第3卷）》，人民出版社1960年版，第24页。

〔2〕　参见谢立中："哈贝马斯的'沟通有效性理论'：前提或限制"，载《北京大学学报（哲学社会科学版）》2014年第5期。

〔3〕　[德]雅斯贝尔斯：《什么是教育》，邹进译，生活・读书・新知三联书店1991年版，第149页。

这种以追求真理为目标的育人活动中，主体之间的关系才会呈现出充分的主体间性和交互性，两者沟通的主动性和积极性才有可能真正被调动起来。

二、大学精神育人的过程分析

对大学精神育人过程的分析可以借鉴心理学和教育学的理论框架。赫尔巴特在其著作《普通教育学》中提出教育的"四阶段说"：明了（分析和综合）、联想、系统和方法，人们通过这四个阶段获得智力上的训练。他认为这也同样适用于道德教育，并进一步提出教学的主要目的在于完善道德。[1]而杜威从思维分析的角度提出教育过程可分为五个阶段：情境、疑问、假设、推断和验证。[2]借鉴人们对教育教学过程的分析，结合大学精神育人本身的特点，本书把其过程划分为四个环节：价值引领、自主建构、品德生成和反思确认，各环节与环节之间密切联系、交叉渗透，在整个大学育人过程中综合发生作用。

价值引领体现为，在进行大学精神育人活动具体的策划、设计和内容安排时要选择正确的价值导向，并要综合考量不同价值元素对活动目标的影响。可以说，在大学精神育人的整个过程中，对大学生价值观的引导是主线。大学精神作为价值引领首先要提供可选择的价值空间和价值层次，如个人价值、群体价值和社会价值，并在活动内容的安排上体现出与教育的性质、教育者的意图之间有一定的张力。价值澄清理论也认为，个体在接受价值的过程中首先要能够从各种可供选择的价值观中进行自由选择。若不然，个体的道德自主性受到压抑，对活动的参与度和积极性将大打折扣，道德判断能力的发展更无从谈起。大学精神的育人活动以文化活动、学术活动和实践活动为主，在活动的广度、深度和灵活度上都比一般的德育活动更指向思维活动和精神活动，更有利于价值建构。而且健康的校园文化和学术文化鼓励思想的探索与争鸣，有益于开拓大学生的多维视野，打造开放格局并获得自由批判、创新的精神。

其次，大学精神育人活动作为价值引领者要坚守追求真理和至善的立场。

---

〔1〕 参见王川：《西方经典教育学说：从苏格拉底到蒙台梭利》，四川人民出版社 2000 年版，第 225 页。

〔2〕 参见王道俊、扈中平主编：《教育学原理》，福建人民出版社 1998 年版，第 225 页。

大学精神本身就包含着教育价值的很多预设。如：什么是真理？什么知识最有价值？什么是善？什么是幸福？什么是理想的社会和理想人格？怎样的人生值得追求？以这些价值追问为主线去开展育人过程，是非常自然且顺畅的。然而在经济全球化和高等教育国际化的大背景下，世界知识生产在很大程度上仍以西方学术为中心，本土的学术文化遭到边缘化，要坚守正确的价值立场并非易事。在这种情形之下，那些融合了东西方文化精髓的大学精神更有可能提供给受教育者价值选择和澄清的张力，因大学精神育人的目标相比当下的教育目的更不"功利"和更加深远。大学精神直指"至善"，并教人追求幸福和更有价值的生活，这些理念与教育的终极目标也不谋而合。

最后，大学精神作为价值引领还要把培养和增强师生的国际理解力考虑进去。当代大学作为多元文化汇合的中心，如何正确处理外来文化和本土文化的关系，如何准确理解"他者"文化，增强人们的国际理解能力是个重大且复杂的现实问题。国际理解教育的目标是培养师生的"文化自觉"，使人们获得反省和反思自己的文明和他人文明的能力。大学通过大学精神教育活动，教人尊重多元文化，超越文化偏见，拥有文化自信，这样才能真正做到"各美其美，美人之美，美美与共，天下大同"[1]的格局和心态。综上三点，大学精神育人的价值选择一定是优先于教育内容架构的第一步，而教育内容的选择必须以价值选择为前置条件。

大学精神育人的第二步是自主建构。所谓自主建构，原指教学中学生参与学习活动，自主建构知识体系的过程。后来引申到一切教育过程中，指的是受教育者的精神世界（包括知识、道德和审美）自主生成的过程。上文已经提及，大学精神育人的特点就在于强调在生活化的教育情境中建构主体精神。主体精神建构的过程其实是双向的：一方面是人们在已有的认知结构和价值观念基础上去主动建构大学精神文化活动的意义，另一方面也是人们根据具体的场景和活动感受去重新建构主体的精神结构，在这个循环往复的双向作用过程中，主体的精神结构不断扩大，精神内容和层次则不断丰富加深。这就要求我们在设计大学精神育人活动时考虑以下四个因素：一是教育内容

---

〔1〕 费孝通："'美美与共'和人类文明"，载中国文明网，http://www.wenming.cn/qmyd_pd/sz/201012/t20101209_27933.shtml，最后访问时间：2016年12月3日。

要贴近主体的生活世界和经验系统；二是教育方式和方法要契合主体的年龄特征，使学生容易接受；三是教育的目标要着眼于主体的发展需要，使学生在理智上、道德上和审美上能够获得一定的成长；四是教育的形式要新颖活泼、富有时代特征，这样更能够激发主体的参与兴趣。大学精神通过价值引领和自主建构，把主体与外部世界连接了起来。这样，主体通过自身而不是外部的强制力量真正地、积极地参与教育活动并获得精神成长。

品德的生成是指社会道德内化为道德意识并在行动中稳定地表现出来的过程，这是大学精神育人过程中最关键的一步。品德生成与自主建构的关系可以这样来理解：后者是前者的条件，前者是后者的目标和理想的结果。然而并非所有的育人活动都能生成品德，因单次的育人活动本身没有达到质变的程度，只能起到一点巩固和加强的作用，或者因活动本身的价值导向错误或教育意图过于明显等原因，也可能走向品德的反面。行为主义心理学派认为，学习的过程类似于习惯养成的过程，或者说是刺激和反应建立牢固联接的过程。以班杜拉为代表的社会学习理论在行为心理学理论的基础上提出，道德的学习实际上是建立良好社会行为的过程。强化机制对道德学习的影响极大，它主要表现在两个方面：强化时机的选择和强化程序的安排，两者直接影响学习者对道德的认知和学习的效果。行为心理学对大学精神育人的启示意义在于，品德的生成固然是自主建构的结果，但是仍需要在具体的过程中重视强化机制的运用以帮助行为习惯的养成。当然，品德的生成还受制于一定的社会道德水平和主体之前的品德基础或结构，换言之，大学精神的育人过程要充分考虑社会总体的道德水平，并结合教育者（道德人格的化身）和受教育者普遍的品德状况开展活动，才能达到事半功倍的效果。

反思确认是大学精神育人的最后一个环节，这一阶段表明道德知识已经转化为主体的道德观念或道德信念，成为主体下一步行动的依据和准则。确立道德信念是大学精神育人的归宿，而反思是过程中重要的一环。通过不断的反思和确认，主体能够运用真正意义上的自由、公正、平等和尊严等普遍的原则进行自主的道德判断，以确定行为是否合理。同时，主体还会运用已经内化的道德信念对自身的行为进行检视，对活动中隐含的价值观进行确认或批判。在反思确认中，主体或多或少会陷入价值冲突和斗争的过程，这是建立道德信念所必要的，因为"信念……不可能是一种不劳而获的精神财富。

只有通过积极的活动，信念才能起作用，才能得以巩固，才能更加坚定"[1]。大学精神育人活动过程可以通过树立榜样，建立激励机制和设立理想激励的策略等手段来帮助主体确认和坚定道德信念，促进主体对道德理想的自觉追求。这样的道德信念必须是根植于现实生活的，反过来现实生活条件也会强化或弱化道德信念。故而，每个人生存的环境会决定他的观念系统，并通过强化或弱化信仰来引导他的行动，久而久之就形成了特定的行为系统。

大学精神通过价值引领、自主建构、品德生成和反思确认四个环节相互配合，协同作用于教育对象的知、情、意、信、行组建的心理和行为系统，促进教育对象的道德成长，并激励他们自觉追求真理和自由，张扬理性精神和传承人文精神。

第二节　一种文化"软"实力：大学精神育人的规律

大学精神是实现大学四大功能的重要保证，特别是在育人过程中起着不可替代的作用。我们要从提高育人实效性的角度培育和弘扬大学精神，研究其育人的特点和基本规律。大学精神的育人过程既独特又有规律可循，相比传统的学校德育过程，它更注重知、情、意、信、行的统一发展，以及言传和身教相结合，因此更有利于解决学校德育目前最为突出的三大矛盾：学校影响与社会影响的矛盾，德育目标与学生实际发展的矛盾，以及道德认知、道德理想与道德实践之间的矛盾。

同其他的育人过程一样，大学精神育人的规律也要反映德育诸要素之间、德育诸要素与外部事物之间的本质联系和德育发展变化的必然趋势。那么大学精神作为文化育人的规律，更多地是反映文化与教育、文化与道德以及文化与人的精神之间的内在本质联系。综合以上对大学精神育人特点和过程的分析，大学精神育人应遵循以下四种育人活动规律，才能更好地发挥育人功效。它们分别是：全面育人的规律、师生共同成长的规律、教育与自我教育相结合的规律、人的全面发展的规律。

---

[1]　[苏联] 瓦·阿·苏霍姆林斯基：《让少年一代健康成长》，黄之瑞译，教育科学出版社1984年版，第205~206页。

一、全面育人的规律

大学精神育人的特点决定了它是一种全面的育人模式。当前国际国内形势的变化和社会对人才需求的变化要求我国大学进行教育综合改革。通过整合学校的环境、人力和文化资源，借助德育第一课堂、第二课堂和网络等多种途径，强化全员、全程、全方位育人的理念，以形成合力育人、协同育人的育人机制。那么，大学精神在这样一种育人机制中到底发挥了怎样的作用呢？

大学精神作为一种文化、思想和理念渗透在整个大学环境中，相比于传统的以德育第一课堂为主要渠道的模式，大学精神育人更注重育人的系统性、整体性，更加突出德育各要素之间的相关性，也更加侧重营造良好的育人环境，以提升环境的精神内涵和品性为目标，指向育人的本质。它既能够从纵向和横向上联通各种教育资源和聚集力量，唤醒各类群体合力推动育人工作的自觉性和责任感，又可以从形式、内容和方法上拓展大学育人的广度、深度和效度。

首先，大学精神通过课程体系建设和师德师风建设推进育人资源的整合。第一，亟待在课程改革中渗入或加强价值观教育。目前的专业教学中存在两大错误倾向：一是现代分工的进一步细化加剧了学生对学习的功利性态度，而如果大学一味迎合社会和学生的需求，只会变得急功近利；二是大学教育过分注重专业知识和技能的教学，而忽略了对学生的精神培育和品德培养，往往忘记了专业教育本身的价值功能和育人本质。"没有无教育的教学"，大学应该通过重点改革专业课程的架构和内容等，以育人之科学精神、理性精神、人文素养为宗旨，融价值观教育和专业教育于一体，打造专业课程、德育（包括思政类）课程、人文素质课程"三位一体"的课程体系，使德育与智育、体育、美育统一起来。第二，通过师德师风建设来增强教师群体的育人意识和能力。打破"人师"和"经师"的界限阻隔，打通专业思政教师与专业教师、管理人员、科研人员之间的壁垒，提升整个大学师德师风建设水平。如通过树立和弘扬教师队伍中教书育人的典型，挖掘大师和普通教师身上蕴含的大学精神特质，充分发挥其在育人工作方面的正向激励作用。以上两点原则是整合校内外课程资源和教师资源的关键所在。课程体系建设和师德师风建设能够助推育人工作的校内和校外途径的联通，继而形成以培育大学精神为主要目的的大学育人一体化格局。

其次，通过立足德育第一课堂、第二课堂、网络课堂三大阵地，推动德育和思政课程的教育教学改革和德育实践活动的改革，来挖掘大学精神育人的价值。主要依据如下：第一，德育课堂依然是学生形成正确的态度、情感和价值观的主要途径。应该结合大学生的特点和他们的理性成长和德性生长的需求，系统规划第一课堂的教材内容体系，科学设计第二课堂的活动形式和内容，以及合理有效地利用网络课堂的阵地，实现三类课堂的无缝对接和同向同行。具体来说，提高德育第一课堂的有效性是改进的重点。德育课程在适应国家对人才培养规格的要求之外，也要回应专业教育发展和人文素质教育的要求，顺应未来教育改革的新趋势。特别值得一提的是，德育课程的改革应结合学校的人文素质教育，重点提升德育课堂的科学和人文内涵。第二，提升德育第二课堂的吸引力是关键。德育第二课堂指的是通过校园文化活动、主题教育活动、仪式教育活动、社会实践、志愿服务等形式来达到陶冶情操、获取知识和培养能力目的的一种教育教学形式，是德育育人的重要阵地。第二课堂也要结合学生的特点和需求，在切实提升第二课堂的吸引力和影响力的同时将价值观教育和大学精神的教育融入其中。第三，通过网络课堂（在线课程、翻转课堂、校园网站、新兴媒体阵地等）打造影响大学生成长的网络主阵地，结合网络运行和发展的规律，探索通过公共媒体平台和自媒体平台开展大学精神教育，发挥正面教育的影响力，让其成为传统德育阵地的延伸。

最后，抓住德育工作队伍、党团骨干、学生干部这一关键群体，通过提升他们的育人意识和综合素养，使其发挥示范引领作用。针对育人的系统性、长期性、复杂性等特点，大学精神育人必须要抓住学科建设、组织建设等大学的主要活动，提升全程、全员和全方位育人的效度。例如，要把完善育人工作的体制机制与建立现代大学制度建设、提升"双一流"建设的内涵、教师队伍建设工作等结合起来，以形成育人工作的合力。推进部门协同、资源共享、优势互补也是大学精神育人的关键。

二、师生共同成长的规律

大学精神育人模式更好地诠释了师生教学相长、共同成长的规律。只有在"学术共同体"的框架下，在校园这个局部的社会环境的熏陶下，师生的交往和生活才得以正常进行。前面论及，专业课堂和德育第一课堂是育人的主要途径，教师在课堂教学的过程中有意识地培养学生辨别善恶是非的能力，培养其追求真、善、美的自觉性，历练其"体察涵泳"之功，往往能够取得事半功倍的效果。同时，因知识大爆炸和网络媒体的迅猛发展颠覆了教师在知识上的权威地位，"教学相长"在新时期的教育内涵已经大大扩展，既表现为知识上的相互促进，也体现为德性和品行上的相互借鉴、相互启发和相互提携。故而，教师一方面要保持追求学术探索和学术精进的初心和责任感，另一方面也要拥有与学生平等对话和交往的开放心态。"三人行必有我师焉"，陶行知曾把"教学相长"的内涵扩展到四个层面：一是教师职业的要求；二是师生相互促进、共同提高的过程；三是师生在教学过程中都要得到提高；四是要把师生看成共生、共存和共命运的共同体。

师生在交往的过程中创造出了共同的精神纽带，也共同决定了"学术共同体"未来的命运。首先，我们可以从西方大学的诞生中窥见精神纽带的决定作用。中世纪的大学脱胎于师生共同体，原本是学者群体相互依赖的"行会"，后来扩展为师生共同体。他们一起冲破世俗政权和教会权力的藩篱，逐渐发展出原型大学。而中国古代的书院也是以"明德、亲民、止于至善"为师生共同的追求目标，将知识和价值统一，将个人修为与社会贡献统一，指向真理和道德的臻享之境。其次，教师作为这根"精神脐带"的母体，源源不断地输送能量并制造出供养"胚胎"（学生）成长的"脐血"，及至胚胎发育完形，精神走向自立以后，脐带将会自动脱落，母体的历史任务方才结束。"落红不是无情物，化作春泥更护花"，精神血脉上的延续并未消失，同样的精神血统将成为师生共同的精神印记。换言之，教育者作为精神典范和人格的垂范效应并不会因为个体生命的完结而消失，而是作为一种自我生成的力量顽强地延续下去。故而，精神纽带强大与否决定了师生命运共同体的走向。这种精神纽带就是所谓的大学精神，它是在大学长期发展历史中，在理想与现实的碰撞中，在师生的共同学习、研究和交往中生产出来的精神内涵。因此，没有师生的交往就没有大学精神，换言之，大学精神是师生共同成长的前置性条件，同时师生的共同成长也是大学精神育人的硕果。

三、教育与自我教育相结合的规律

只有能够激发学生去进行自我教育的教育，才是真正的教育（苏霍姆林斯基）。首先，与智育相比，德育有着很大的特殊性。德育过程除了受认识的规律所制约，也受到受教育者主观状态的牵制，受教育者本身的思想认识水平和道德水平是德育工作的基础，所以教育和自我教育密不可分。"认识你自己"，自我教育开始于受教育者自我意识的萌发，开始于他们追问生命意义的自觉，开始于人们探索社会和宇宙的好奇心。其次，教育和自我教育最终都指向受教育者本身。"教是为了不教"（叶圣陶）强调了学生在学习知识的过程中自觉、自发和能动地参与知识学习和知识创造的重要性。在品德塑造的过程中亦如此。这里包含了三层意思：其一，"教"是手段，"不教"是目的，教育手段和目的决定了育人的结果；其二，在教育过程中要结合直接教育与自我教育，重点激发主体在追求道德理想的过程中展开自我教育，实现自我生成；其三，教育的最高境界是"不教"，并追求言教和身教的高度统一。所以要"处无为之事，行不言之教"，而真正的教育一定是"不言之教，无为之益，天下希及之"的至高境界。

那么，大学精神育人是如何体现教育与自我教育相结合的规律呢？大学是知识分子的聚集地，知识分子则是大学精神的创造者和守望者。知识分子群体不完全等同于教师群体，他们只是后者当中的一小部分，但他们在大学精神育人中发挥着至关重要的作用。大学的形态和使命在变，大学知识分子的内涵也在变。但是，知识分子作为一个群体的基本价值属性并未变化——知识分子通过探求知识和批判社会产生思想。这些思想深刻影响着一批又一批学生，成为某种社会思潮的渊源，并经过实践的考验和岁月锤炼成为某种大学精神。如北大在蔡元培主政时期大师云集、思想迸发，一时之间使进步青年和爱国人士纷至沓来。经过新文化运动和"五四运动"的洗礼，北大遂成为具有民主、科学、爱国、进步的精神之源流。同时，无论大学如何变化，知识分子依然是最关注社会和国家命运的群体，因为他们对社会的变迁始终保持着清醒和批判的态度。正因为如此，"大学因为知识分子的自由精神、批判精神、超越精神和人文精神而获得了自身的精神内涵。"[1]设若大学没有知

---

〔1〕 张应强：《大学的文化精神与使命》，安徽教育出版社 2008 年版，第 127 页。

识分子这个群体的存在，大学与其他的教育组织和机构别无二致，就极易沦为贩卖知识和文凭的"集市"。概言之，大学精神通过知识分子创造的思想和精神成果自然而然地影响着大学的师生，使其他师生成为其思想的拥趸并自觉补充完善其内容，而这一过程完全就是自我教育的结果。

教育与自我教育相结合还体现在：大学精神育人的生活化特性决定了受教育者在这一过程中的主体意识得到充分的尊重。承载大学精神的器物、标识、建筑、文化活动、仪式、人物风貌等，构筑了一个丰富、立体、全面、开放的文化育人空间，师生居于其中，自觉或不自觉地经受濡化。濡化作为文化作用于人的一种机制，此时已经分不清教化和教育的区别，或者说濡化其实恰恰体现了教育和自我教育的统一。

四、个体的全面发展的规律

大学精神作为大学文化的精髓和灵魂，在育人过程中深刻体现了人的全面发展的规律。人的全面发展的理念，始于对教育的工具化和异化的反思。长期以来，大学德育以培养"政治人"或"经济人"为目标，功利主义的价值取向压抑了人的个性，忽视了人是一个丰盈、立体而鲜活的存在，忽视了人的发展的多样性和可能性，也造成了德育主体性的缺失。有学者指出："目前学生中不同程度地存在道德问题，特别是关爱心、责任心、价值感、诚信意识的缺失，绝不仅仅是现代化理念与实践模式的内在缺陷使然，而是生命深层被遗忘的一种必然。"[1]教育遗忘了对人、对人性和对人的精神世界的关注，而走向浮于表面的"伪教育"或"反教育"。我们始终认为，真正的德育除了具有实用性功能，还应具有超越性功能。好的德育应该根植于个体的全面发展需要，同时兼顾个体的理智、道德和审美的成长；好的德育能够尊重个体的愿望、兴趣和意志，能够使人体会到教育的愉悦感和满足感。那么，大学精神作为文化育人的一种模式，是如何体现人的全面发展规律呢？

大学精神重视发展人的理性，这一点毋庸置疑。追求真理、批判现实，是大学精神的题中应有之义。而大学精神育人之理性主要体现在大学对科学精神的弘扬。我国古已有之"格物致知"的精神，即为科学精神的体现。但

---

〔1〕 丁钢、岳龙："教育亟待关注的问题：注重学生个体生命的发展"，载《探索与争鸣》2002年第5期。

真正把科学精神和民主精神一起融入中国大学的是新文化运动。陈独秀、胡适等人高举"德先生"（民主主义）和"赛先生"（科学主义）的旗帜，对阵旧文化、旧制度和旧道德，自此，科学精神成为中国大学精神的底色，科学主义的浪潮席卷全国，这也可从我国很多著名大学的校训中感受到。如复旦大学"博学而笃志，切问而近思"，强调的是通过广博的学习和独立的思考来获取真正的知识并坚定追求真理的信念。"因真理，得自由，以服务"肇始于司徒雷登校长治下的燕京大学校训，原文出自《圣经》中的"你们必晓得真理，真理必叫你们得自由"。时任校长司徒雷登把宗教精神和科学精神注入了这一校训，勉励燕大人以献身的态度和大无畏的精神去探索科学的方法、掌握真知，并将之应用到社会服务中去。类似的例子不胜枚举，说明大学在高深学问的追求中从未放弃过对真理的追求。特别是近现代以来，科学的突飞猛进强化了人们对科学理性的信仰，所以在大学精神的育人过程中，促使大学生的理智进步、获得学习科学方法、获得批判能力和创新能力是所有育人活动的主线。

除了对真理的探索，大学精神本身还内在地包含了对"人是什么"和"如何为人"的德性追问。道德不是先验的而是在生活和实践中生成的，这句话也充分说明了实践和生活对德性生长的重要性。在大学精神的育人活动中，我们强调学生既是学校教育的主体，又是校园生活的主体。学校生活也是现实生活不可分割的一部分，为德性养成创造了必要条件。我国教育自古就坚持德性的根本地位。"大学之道，在明明德，在亲民，在止于至善"体现了我国古代大学精神的精髓，中国士大夫精神中强调"明道救世""内圣外王"即发源于此。到了近代，以王国维为代表的近代知识分子第一次从个人本位出发，提出教育要培养身心和谐发展的"完全之人物"。而蔡元培则在此基础之上完善了"完人"教育的理念，他以康德之"教育乃从'现象世界'到'实体世界'之桥梁"为立论基础，提出了"五育并举、道德为本"的教育思想。蔡元培认为，人应该立足于现象世界，但要追求实体世界的境界，两者分别对应教育中的知识探索和道德修养过程。知识学习是手段，增进道德修养才是目的。因此，教育既有追求现世幸福的世俗宗旨，更要超越人类的现世幸福，进而追寻人类的精神归宿和终极关怀。为了达到这一宗旨，蔡元培还详细论述了智育、体育和美育的关系。可见，以道德为中心来培养"完全人格"的思想，不但深刻影响了中国现代大学精神的发展，而且成为中国全面育人教育思想的重要理论来源。中国共产党自成立起，就自觉吸纳了马克思主义的全人教育思想，经过几十年的不懈努力日渐明确了我国的教育宗旨和教育目标。今天，在一个文明冲突与和谐共存的全球化时代，唯有全力塑造和培养理解文化沟通、具有全球视野的"中国现代人"，才能顺应时代发展和个体发展的潮流。从这个意义上说，体现人的和谐发展的大学精神更加有利于整合东西方的价值资源，继承和发展传统的德育资源，从而为学校德育回归生活世界、重塑德育文化内涵提供一套更为优化的育人模式。

大学精神育人的困境及对策

　　中国大学百年历程可谓风雨兼程、筚路蓝缕。民族中兴，大学是最忧心的呐喊者；马克思主义中国化，大学是最前沿的实践者；改革开放，大学是最热烈的拥护者；科学民主，大学是最激进的推进者；救亡图存，大学是最清醒的爱国者。中国大学是历史和国情的产物，正因为如此，中国大学在移植西方大学理念和大学制度时大都进行了中国特色的改造。以学术自由为例，西方大学的学术自由是建立在"知识通过理论、逻辑和经验等方法获得和发展"的知识论基础之上的价值判断，而且学术自由主要表现为学者追求真理的自由；但中国大学的学术自由受到我国传统知识论的深刻影响，我国传统士人深信"知行合一"以及"学而优则仕"等，所以中国式的学术自由最终只能表现为有限度的自由和"以爱国主义为主导的学术自由"（张岱年），最终，知识还是要回到实践中去检验其是否为真。尺度的不同，内涵的差异，凡此种种，我们也就不难理解，为何中国大学的定性和中国大学精神的内涵总是难以定论，聚讼纷纷。改革开放前 40 年，中国大学已顺利完成大众化的使命；在此之后的 40 年，中国大学又要进入追赶世界一流大学的快速跑道，此时我们更有必要就"何谓大学精神"以及"大学精神何为"探个究竟，对大学精神如何育人展开深入的、系统的研究。因为，唯有凝练出中国大学的真精神，唯有挖掘出中国大学精神的价值，我们才能找到追赶世界一流大学的密钥，才有可能建成有中国精神和中国特色的大学。

第一节　大学精神的自我审视：中国大学精神的现状分析

　　过去的 40 年是中国大学发展的黄金时期。无可否认，改革开放 40 年来中国大学取得了举世瞩目的成绩。无论在大学规模、数量、毛入学率、硬件设施，还是在学科建设、教学水平、学术水平、大学治理现代化等方面，中国大学都体现了大学之"大"。与此同时，中国大学也因为教育质量滑坡、人才质量下降、学术腐败等现象而备受诟病。大学理应成为社会文化的风向标和人们的精神家园，但不可否认一些大学在社会发展的激流中，在鱼龙混杂、泥沙俱下的社会思潮中似乎迷失了方向。有人用大学精神的"失落""式微""缺失""危机"等词汇来描述当今中国大学的精神实况，也有人认为对大学的指摘不应过于偏激。大学的现状是喜是忧，不同视角，各有不同。

批评大学的人担忧，人文精神的失落和工具理性的过分扩张将带来价值理性的危机。实际情况却是，我国大学的真实面貌千差万别，不同地域、不同类型、不同层次、不同历史的大学在高等教育的生态系统中各司其职，且他们各自在发展定位、实现路径、办学理念和理想目标的设立上也要求不一，所以呈现出个性纷呈甚至迥异的精神面貌。基于公允的主场上，人们在评估大学精神的实际状况时不能用应然代替实然，更不能割裂传统、罔顾国情的复杂性而随意地套用某些标准或尺度进行简单判断。易言之，对我国大学精神实况的判断既不能随波逐流，也不能妄自菲薄。当前，中国大学的发展正由"大"走向"强"，由前期的增量型发展转变为内涵式发展，在这个十分关键的历史时期，能否解决好中国大学的价值困惑和身份认同的问题显得尤为必要。这就需要我们对中国大学精神的现状做一个全面的梳理，需要我们以一种正本清源的研究姿态来消除对大学精神的迷茫和误解，更需要运用"正反合"的演绎逻辑科学地把握中国大学精神的实质。本章要解决的问题是，首先通过梳理大学精神和大学精神育人的实际状况，找出现实中存在的大学精神缺失或培育不足等问题，继而结合大学育人的现状思考：如何培育大学精神的文化土壤？如何用大学精神改善育人环境？以及如何优化大学精神育人的过程、路径和机制？

一、大学精神之"辩"

大学文化的兴衰往往系于大学精神的存废，[1]而中国的大学精神只能从中国的文化传统和社会发展的历史中找寻。一般认为，中国大学精神形成于

---

[1] 参见骆郁廷："注重大学精神文化的传承与创新"，载《中国高等教育》2012年第21期。

传统学术精神与西方大学理念博弈和融合的过程中。中国大学精神的理想原型是古代的"大学之道"，孕育现代大学精神的母体是民国时期的大学，而发展中国大学精神的历史土壤是中国寻求独立自主和民族富强的现代化过程。

蔡元培"兼容并包，思想自由"的学术自由思想和蔡元培、梅贻琦等人"教授治校"的民主理念奠定了中国大学的精神底色。在救亡图存和民族复兴的百余年时间里，以爱国主义为主导的学术自由精神萌芽、发展并延续至今，而"教授治校"的理念则演变为"学者治学，行政治校"的折中主义。北大精神、清华精神、西南联大精神作为中国现代大学精神的三股源流，奠定了大学启蒙民众、批判文化、引领社会、尊崇理性、张扬人性的思想基础。中国大学精神的建构理路是，大学在顺应国家、民族和社会的吁求过程中，在自觉寻求大学存在的合理性和合法性基础上，经历了百余年的社会变革而发生精神蜕变的结果。本书认为，当今中国的大学精神主要表现为爱国主义精神、自由独立精神、求是精神和人文精神。

中国现代大学精神首先表现为爱国主义精神。20世纪初在"救亡压倒启蒙"的大趋势下，中国的大学主动选择了救亡图存的生存策略。"十月革命一声炮响，给中国送来了马克思主义"，马克思主义来到中国，为广大知识分子所接受、信仰、实践并热烈传播。马克思主义在中国能够顺利生根发芽的深层原因在于，马克思主义革命实践的品格与中国近现代救亡复兴的主题以及中国传统的实用理性不谋而合。李泽厚也认为，"虽然马克思主义在某些观念和内容上与儒、道、墨、法的中国传统相背离，矛盾甚至相冲突……却可以在更深一层的文化心理结构上接受并融会它们……（这）便是追求现实生存、肯定世俗生活并服务于它的实用理性"[1]。这也解释了20世纪20年代以北大师生为代表的知识分子，为何内在地把君子人格和"明道救世"的文化精神自觉转化为"民主与科学"的"五四"精神。易言之，提倡民主和科学是为了振兴中华，所以"五四"精神的实质是爱国主义。在随后的百年时间里，北大逐渐在"五四"精神的基础上明确其"爱国、民主、科学、进步"的大学精神。其他大学在爱国主义精神的感召下，包括北大、清华、西南联大、南开、浙大等在内的绝大多数大学始终与国家发展和民族进步的时代轨迹同步，与国家命运休戚与共，成为中国革命和改革的中坚力量。

---

〔1〕 李泽厚：《马克思主义在中国》，三联书店1988年版，第9~10页。

其次是自由独立的精神。它包含了两方面的含义，一是指学术自由、教学自由和学习自由的精神；二是指学者独立治学和大学独立办学的原则。两者都沿袭了西方大学的传统，特别是德国洪堡时期的学术自由和大学自治的办学理念。不同于欧洲大学那种独立于政治和宗教控制的大学自治权，中国传统的学术模式一直与当局政治保持着密切联系。我国古代的教育机构主要为科举制度和国家育才选才服务，儒家在学术界的权威地位也鲜有撼动，从科举中选育的士大夫既是统治阶层又是学术权威，这些因素共同决定了西方大学的学术自由和大学自治很难在中国大学完全实现。不过也有特例，民国时期，蔡元培之所以能够较为顺利地从欧洲移植学术自由的理念到北大，受益于当时政治上混乱松散的局面。北大在他的主持下，学术自由和大学自治的思想初露端倪。他也有可能较为系统地在管理和教育中贯彻了学术自由的思想："网罗众家"——什么人可以教，"囊括大典"——教什么，"思想自由，兼容并包"——怎么教，和"教授治校"——如何办学等，为当时的北大营造出了较为自由活泼的学术风气。与此同时，新文化运动唤醒了中国知识分子的独立意识，促使更多的知识分子体会和认同学术独立的内涵和价值。陈独秀曾说："中国学术不发达之最大原因，莫如学者自身不知学术独立之神圣。"[1]学术独立对于国家的价值，在于它能够激发大学的创造力和活力，让中国文化屹立于世界民族文化之林。这一点在陈独秀之后已被越来越多的大学人认同并践行。

但不久之后，随着美国大学体制和办学思想的传入，大学逐渐取消了"教授治校"的制度，代之以一个综合的行政管理机构。这预示着大学自治在与制度环境的博弈中还需作出调整和妥协。及至现在，一方面，自由独立之大学精神在大学的独立生存和依附生存的矛盾中体现出极大的张力，因而作为大学的基本理念被延续了下来。换言之，中国大学对自由精神和独立人格的追求从未停止过，学术自由对大学和社会的价值也逐渐被社会所理解和接受。另一方面，大学自治的理念与中国的文化、政治和行政制度在冲突和调和中呈现出折中主义的趋势。教学、学术、行政三足鼎立的局面决定了各种力量分而治之，政府办学、教授治学、行政治校的格局被普遍接受。特别是在 20 世纪 90 年代大学的法人地位确立以后，大学的自主性和主体性得到增

---

〔1〕 陈独秀："学术独立"，转引自储朝晖：《中国近代大学精神史》，人民教育出版社 2013 年版，第 181 页。

强。大学作为独立的法人团体通过制定法人章程来规定组织内结构和整体机能，明确大学各主体的权利、义务和责任，这些都为大学实现真正的独立自主奠定了合法性基础。

再次，追求真理的精神即求是精神，它是大学之"大"的第一要义。自1912年民国政府颁布《大学令》以来，"大学以教授高深学术、养成硕学闳材、应国家需要为宗旨"的主旋律就一直未变。以研究高深学术为己任的大学，超脱了"经世致用"和"中体西用"的实用主义精神限度，体现出纯粹的学术旨趣和更加深远的精神追求。经过新文化运动中"科学与玄学"的论战，科学的方法和科学的精神在大学乃至整个社会中得到弘扬。胡适在北大时就反复强调，要培养学生不迷信的态度和敢于批判质疑的精神；并提出大学生要树立追求知识和真理的理想，不能只求适应社会和个人发展的功利主义需要，更要清楚了解自己适合做什么和能够做什么。罗家伦在主政清华大学时期提出，研究是大学的灵魂，鼓励大学师生投身研究。梅贻琦则要求师生抛弃主观思想、个人成见和青年意气去探究事实，追求和维护真理。[1]理工科的出身背景使梅贻琦坚持用科学精神和民主精神治校，也是在他的管理下，清华开创了一以贯之的科学务实、崇尚实干的校园传统。南开大学校长张伯苓甚至认为科学精神是民治的基础。浙江大学校长竺可桢非常欣赏王阳明所提倡的"君子之学，惟求其是"，在此基础上确立浙大的校训为"求是"，他希望师生一丝不苟地对待学问，秉持追求真理的科学精神去做事做人。在抗日战争和解放战争的历史条件下他又把"求是"深化为"爱国精神、牺牲精神、科学精神、革命精神和服务精神"。求是精神也激励着一代学人在面临政治动荡和个体危难之时抛弃小我而坚持真理，体现了知识分子应有的风骨。陈寅恪、马寅初、邓稼先、周培源等就是求是精神的典范。抗战时期的中国大学在异常恶劣的生存环境中仍培养出一大批卓越的知识分子和社会中坚力量，不能不说是大学精神的胜利。

大学对知识的探索、对真理的追求、对正义的坚持，是保证它作为国家和民族发展的引领者的首要条件。北大原校长林建华指出："教育工作者绝不能急功近利，片面追逐短期效益，而应该具备理想情怀。我们应该传递的是一种追求真理、宁折不弯的知识分子的风骨，我们应该把这样的精神价值传

---

〔1〕　参见苏云峰：《从清华学堂到清华大学》，生活·读书·新知三联书店2001年版，第48页。

递给我们的学生。"〔1〕这才是大学的独特魅力和价值所在。故而，20 世纪 80 年代对大学最重要的改革就是恢复大学的科研并将之作为与育人并重的大学的中心任务，同时受到科学主义思潮的影响，我国大学从"五四运动"以来都把科学精神奉为圭臬。

最后，改革开放以来，教育呼唤以人为本的人文精神的复归一直是我国大学改革的主旋律。大学的价值不仅能体现社会和个人的需要，而且要体现人的自我价值——塑造为"真正的人"之追求。如果说求真精神决定了大学追求真理的本性，体现了大学的科学价值，那么大学对人的价值之探求和生存意义之追寻则是大学的文化价值所在。我国大学人文精神的原型可追溯到王国维"完人"教育和蔡元培的"五育并举"思想。最早的实践可见于梅贻琦在清华大学实施的通才教育。梅氏提出大学教育决不是培养"高级匠人"，而是"周见洽闻的完人"和"汇通东西之精神思想的博雅之士"〔2〕。虽然，通才教育模式由于历史的原因未能延续，但通才教育对后世的影响可谓深远。

对人文精神复归的呼声始于 20 世纪 80 年代。其时，中国的新一代知识分子自发地批判"极左"思想，反思"文化大革命"对精神的禁锢和人性的扭曲，并呼吁肯定个体价值，呼唤自由、人权、民主等。这些都极大地唤醒了人们的主体意识，20 世纪 80 年代因而被人称为"新启蒙主义"时代。中国大学在这一轮启蒙运动中，毋庸置疑又成为启蒙思想的原发地和传播主阵地。之后，到了 20 世纪 90 年代初期，由于受到市场经济功利主义和拜金主义的冲击，以王晓明、张汝伦为代表的一部分大学的知识分子发起了对人文精神的又一次大讨论。这场讨论直指知识分子在物质主义冲击下的"精神病态"和"自我救赎"问题，呼吁知识界要重启对人的关注、关怀以及重建对社会的责任感。他们提出，市场经济与人文精神其实并不矛盾，因为在自由竞争的条件下更能够突出人的个体价值和创造力，消解人身依附关系对人的影响，从而更能够张扬以人为本的人文精神。但是要找到桥接市场主义和人文主义的内在联结点，这是 20 世纪知识分子苦苦思索的一个问题。进入 21 世纪以后，随着人们对全球化认识和现代性反思的深入，人们越来越认识到

〔1〕 林建华："积极推进综合改革 充分发挥大学创造潜力"，载《中国高等教育》2015 年第 19 期。

〔2〕 梅贻琦："大学一解"，转引自黄延复水木清华：《二三十年代清华校园文化》，广西师范大学出版社 2000 年版，第 47、158、311 页。

人文精神之于社会发展的价值，认识到在工具理性和技术理性至上的年代，人文精神对科技、物质力量的扩张和对人的异化具有抑制作用。因此，大学对人文精神应该有所执守，人文精神在大学应该占有重要的席位。

二、大学精神之"困"

不管是当人们在面对大学现实中出现的巨大冲突和矛盾时，还是在深入思考大学的发展和现代化主题时，最后都会触及大学精神层面的反思和追问。大学精神的实然与应然状态之间的巨大反差使人们不得不深思。

新中国成立以后，在"国有化运动"和师法苏联的"一边倒"思维影响下，我国政府对大学实行了社会主义的改造，从而使之前私立大学、教会大学、国立大学三足鼎立的格局转变为公立大学的一统天下。院系调整之后，大学按照行政组织的方式调整为校、院、系、教研室的层级架构并逐级进行权力分配。虽然少部分高校通过院系调整在综合实力上有所增强，但绝大部分高校在国家意志的干预下，学术力量和资源得到拆解，宝贵的学术传统被迫中断，这也为日后行政权力的走强埋下伏笔。其一，计划经济时代，大学被政府当成国有资产随意调配或取舍；其二，随着大学规模的扩大和参与社会经济政治事务的程度不断加深，纯粹的学术权力已经很难胜任大学管理的角色，而行政权力因遵循科层体制的权力运行逻辑相比较为专业和高效，它作为大学管理的补充力量在一定的历史时期内确实也发挥了积极的作用。因此行政权力在历次大学改革中一再通过制度设计被强化；其三，大学作为一个自组织系统，本身就是与外在权力系统冲突和妥协的产物，面对社会强权的干预，大学的内部力量聚集起来的可能性很小，如若没有与之抗衡的力量，大学除了妥协和迎合之外别无选择。基于以上三种原因，大学的学术力量如学术委员会、教学指导委员会、职称评定委员会等，或者泛化为行政组织，或者被边缘化为履行单向职能的学术组织。与此同时，行政权力渗透到大学的每一个角落，逐渐聚集为"泛行政化"的态势。"泛行政化"对大学学术的冲击是破坏性的，因为学术的健康发展是以学术组织的健全和独立作为前提的。大学作为一个"学术共同体"遵循的是学术自身的发展逻辑，而学者团体的共同意识、共同价值和规范、学者的学术自觉意识是学术发展的必要条件。但"泛行政化"用行政组织的方式、运行机制和行为方式决定大学的一切事务，导致行政权力挤占学术自主的空间，在一定程度上为学术资源的行政化分配模式的产生创造了条件。这些现象激化了"学术共同体"内部的矛盾冲突，极大地伤害了大学教师的积极性和创造性。最后伤害的不仅是大学，还有整个国家的学术发展水平和创新能力。

自从美国大学成为现代大学的典范以后，政治论的高等教育哲学成为主流，大学与国家和市场的结合越来越紧密。"现代化的压力一直迫使大学片面地服务于市场经济与民族国家之间的发展竞争"[1]，一方面使大学被迫走出了"象牙塔"并成为现代社会的中枢机构，另一方面也加剧了大学的泛市场化趋势。诚然，大学作为为社会输送人才和学术产品的机构，本身具有一定的市场性，因此大学在遵循学术逻辑的同时也应顺应一定的市场逻辑，满足市场对人才和学术产品规格、类型和质量的要求，达到人才供给的平衡状态。但是，大学作为文化组织、学术组织的基本属性不变，大学的独到性就不应被放弃。这同时是大学人作为知识主体的最后防线。

从时代背景来看，我国自改革开放以来一直是以追赶者的姿态看待西方的，经济领域的突出成绩鼓舞和刺激着中国政府和大学以一种市场经济的行动逻辑追赶世界一流大学，以期创造高等教育的又一个"奇迹"。市场导向的竞争格局导致大学比以往任何历史时期都更为迫切，所以大学的管理层惯用庞杂的指标体系考量着大学的一切，"非升即走"是美国大学"publish or perish"（不发表就出局）的中国翻版。在这样的背景下，我国高校教师评价制度转变成了一种以激励科研产出效率为主，并以科研产出数量、等级与利益分配挂钩的绩效主义评价制度。与此同时，对教学和对学生的管理也逐渐以量化考核作为主导，推行绩效管理，从而使大学可能坠入"工具主义"和"技治主义"的陷阱。

这可能使传统意义上的大学师生关系演变成市场中的"老板与顾客"或"老板与雇员"的关系，损害了师生之间、教师之间纯粹的精神交往，也破坏了大学的学术生态。雅斯贝尔斯认为，大学要有（精神）交往才能成为一种为真理而生活的方式，[2]大学要传授整体性的知识[3]才是真正意义上的大

---

〔1〕 张应强：《大学的文化精神与使命》，安徽教育出版社2008年版，第106页。

〔2〕 ［德］雅斯贝尔斯：《什么是教育》，邹进译，生活·读书·新知三联书店1991年版，第170页。

〔3〕 ［德］雅斯贝尔斯：《什么是教育》，邹进译，生活·读书·新知三联书店1991年版，第176页。

学。否则，大学无异于"人力工场"和"贩卖知识的集市"。泛市场化对大学学术生态的破坏还体现在它促使了大学内部的知识分子分化成两个阵营：基础学科阵营和科学技术阵营。两者的命运走向逐渐分离，基础学科知识分子的生存空间遭到严重挤压，因应用技术在工业化和现代化的进程中显示出了巨大的威力，尤其是科学技术类的知识分子成了市场的"宠儿"。相比之下，基础学科的知识分子只能退守到大学乃至社会的边缘，遑论知识分子对社会的影响和批判了。

这可能还加剧了大学人文精神和"人的教育"的失落。剑桥大学教授施诺（Charles Percy Snow）在 20 世纪中叶就提醒大学要警惕"两种文化的分裂"——科学文化与人文文化的对垒。海耶克说，科学文化压倒人文文化并不是科学的过错，科学至上、以科学为万物的尺度不是"科学的态度"而是"科学主义的态度"。科学主义对社会的观点类似于一种"工程学的观点"，所以科学主义必然导致社会治理的"技治主义"。齐曼（John Ziman）曾经严厉批判过"技治主义"，他说："政治的科学主义的最宏伟的形式就等同于技治主义。"[1]简言之，科学主义把社会"机器化"了以后，继而把人也"机器化"了，于是，价值教育在大学教育中的地位迅速下降，大学教育中的"人"不见了。

第二节 对德育转型的省思：当代德育的时代背景和挑战

一、社会转型引发价值观念的深层变革

社会转型是指我国从传统社会过渡到现代社会的过程，即从"以人的依赖性"为主要特征的社会形态，转型到"以物的依赖性为基础的人的独立性"为特征的现代社会形态。马克思主义认为，社会存在决定社会意识。首先，随着我国的改革步入"深水区"，社会利益结构的深刻调整，人们的价值观发生了很大的变动。对于大学生而言，社会环境和价值文化的变迁必然会在他们的价值观层面留下深刻的烙印。其次，社会制度规范对人的价值观念、价值行为起着制约作用，所以社会制度规范的变化是价值观变革的诱因。特别

---

〔1〕 ［英］约翰·齐曼：《元科学导论》，刘珺珺等译，湖南人民出版社 1988 年版，第 269 页。

是在从计划经济体制转型到市场经济体制的过程中，新的制度、体制和规范与旧的之间产生尖锐的冲突，这些冲突都必然折射到社会价值观念层面上去，从而引发人们的不适感甚至冲突感。再则，全球化进程的加快带来了以西方价值观为主的多元价值观的渗透，它们与我国传统文化价值之间的矛盾是促使价值观念深层变革的重要原因。综上，在我国社会急遽转型的今天，价值观念的深层变革不仅是必然的而且是全面的。主要表现如下：

从时间维度上来看，我国转型时期的价值观念变革体现为新观念与旧观念、传统价值与现代价值的对立和冲突。如个体的全面发展原则与崇尚共性的集体原则之间的矛盾、平等意识与传统的等级意识之间的冲突、法治观念与传统的人情社会和人治观念之间的冲突等。从空间维度上来看，价值观念变革表现为东方价值与西方价值、民族化与全球化的冲突。我们的民族精神集中体现为以爱国主义为核心的集体主义精神，它与全球化所带来的以个人本位为基础的资本主义文化精神是冲突对立的。如西方文化把核心价值观之一——自由作为人们价值追求的最高境界，而我国的传统文化强调"内圣外王"的道德追求，对个人自由比较漠视甚至刻意压制。从变革的内容上来看，社会整体的价值观呈现出"多元并存、新旧交替"的格局，价值观变革具体表现出一元价值观与多元价值观互动、整体价值观与个体价值观融合、精神价值观与物质价值观并重的特点。"在这幅激荡的价值观念世界图景中，既有旧的、传统的、保守的价值观念的顽强沿袭及其对确立新的价值观念的阻抗，又有新的、先进的价值观念在社会结构的整体转型过程中富有生机地成长；其中还包括因旧的、传统的、保守的价值观被破除，新的、现代的、与改革开放和现代化建设实践相适应的价值观念体系尚未完整确立而留下的价值真空。"[1]概言之，中国的社会转型是经济、政治、伦理、文化的全面转型，其带来的社会运行机制调整、利益分配结构调整是价值观念变革的根本原因。

社会转型对大学生价值观的影响是巨大的。一方面，大学生正处于价值观、人生观形成的关键时期，处于情感跌宕起伏、思维活跃敏感的阶段；另一方面，市场经济条件下消费主义盛行，价值呈现出物化的倾向，同时社会的利益关系调整投射到校园中，使校园的人际关系表现出功利主义和实用主

---

〔1〕 杨学功："略论我国社会转型时期价值观念的基本特征"，载《北京理工大学学报（哲学社会科学版）》2001年第1期。

义的倾向，从而引发了大学生价值目标、价值抉择和价值行为的整体变化。具体来说，一是大学价值目标的多元化。随着人们的主体意识普遍增强，当代大学生更为注重个人价值的实现，在追求社会价值的同时兼顾个人价值，实现个人与集体、社会的和谐共存。同时，大学生的价值目标还呈现出物质化、实用化的特点，在追求精神价值的同时也不放弃物质价值的获取。二是价值主体的个性化。大学生处于自我意识发展旺盛期，在个体认知、情感、意志和行为各方面更注重自己的独立性和个性，希望追求卓越，不希望"泯然于众人"。也有一部分大学生呈现出自我中心和个人利益至上的不良倾向。三是价值抉择的多样化和矛盾化。在多元价值并存的今天，大学生在进行价值选择时往往无所适从。主要表现为追求真善美的高尚人格与现实中功利主义盛行之间的矛盾，理想与现实的巨大落差导致大学生知行脱节，进而对主流的价值观产生怀疑的矛盾形态。四是价值评价的包容性。随着社会的开放程度不断加大和互联网技术的飞速发展，人与人之间的交流变得简单便捷，整个社会的包容性得到增强。大学生对社会现象的认识水平与包容性也相应增长，关于善与恶、是与非的判断不再流于平面化、简单化，而是倾向于从各个角度去还原事情的真相，寻求价值判断的平衡点。包容性的前提是，在中国社会的转型期，道德的基本判断应该是尊重个人、保护集体、兼顾同家、和谐共生。

总之，社会转型引发的价值观念变革对大学德育特别是价值观教育的理念、方法和模式提出了挑战。这也就意味着价值观教育应以人的发展多样性为依据，在传递社会主流价值观的基础上也要尽力满足个性化发展的需求。因为价值观教育的目的在于建构主体适应社会生活和个人发展相协调的一套价值观体系，而且"根本目的则是培养和提高他们独立的辨识力、判断力、选择力即认识世界和改造世界的能力，培养和提高他们的主体性与主体能力"。[1]

二、现代化加速传统道德的现代转换

根据帕森斯（Talcott Parsons）对现代社会的阐释，现代社会的特征表现在三个方面：经济形态上表现为以市场导向的商品经济为主；政治形态上表

〔1〕 万美容："当代中国社会变迁与青少年价值观教育转型"，载《思想政治教育研究》2012年第2期。

现为以个人自由平等为基础的民主法治；社会关系上表现为以个人独立自由为基础的契约型关系。并由此推导出现代性的三大特征：市场经济、民主政治和个人自由。对现代社会的这一定义为各国广泛接受。而我国的传统道德根植于小农经济和宗法社会，在道德的层次和内容上主要表现为"权（官）道、孝道和亲道"为主的道德内容。其一，权化的道德，即以尊重、推崇权力和掌握权力的人为道德的标志；其二，孝化的道德，即以崇祀祖先、尊重长辈为道德的标志；其三，亲化的道德，即以与自己的关系远近作为道德行为的根据。[1]我国传统道德实践的路径主要围绕人的自我修养展开，以追求人与人、人与社会、人与自然的和谐关系为目标。而我国传统道德的基本价值取向是追求理想人格，崇尚和谐统一，重义轻利，重视人际关系的有序和谐等。在从传统向现代过渡的过程中，传统文化和道德必然招致以市场经济为基础、以民主法治和个人自由为主要内容的现代道德的巨大冲击和挑战。特别是传统道德中适应小农经济和封建社会的道德糟粕部分，在一定程度上已经成为阻碍现代经济社会发展的阻力。如强调序列原则的"忠孝观"与现代社会中强调自由平等友爱的社会道德观之间的矛盾，"小国寡民"的政治道德观与经济全球化带来的世界交往和竞争原则之间的矛盾，以及以维护君权为目的的"家天下"利益观与市场经济中分工合作、利益共享的原则之间的矛盾，它们必然会产生剧烈的冲突，并给人们带来巨大的心理落差和不适感。

中国传统道德在现代化过程中的命运是坎坷的，经历了数次险些被抛弃或要求强行"告别传统"的挑战。但经历新文化运动、"五四运动"、新中国成立、"文革"和改革开放等重大事件后，中国的道德传统虽屡遭罹难但仍顽强地延续和承接。毕竟，传统道德是中国传统文化的重要组成部分，它深刻影响着民族性格和民族心理，同时对人们的心理和行为产生了一种精神定势，影响或决定了人们对现实世界的态度和看法。我们知道，道德作为上层建筑和意识形态会对经济基础产生阻碍或推动的作用。在现代化的过程中，人们怎样看待和对待自己民族的传统文化和传统道德是一个重大的实践问题，因为它关系到现代化能否顺利充分地展开。因此，"一个着眼于未来、大力进行社会主义现代化工作的国家和民族，必然不会忘记自己的历史，更不会抛弃

---

〔1〕 谢晖："法治的法律：人化的道德"，载《法律科学》1997年第5期。

本民族的优良道德传统"。[1]这一方面要求我们在现代化的过程中要继承和发扬优秀的传统道德，另一方面也要求作为主体的传统道德本身在扬弃的过程中自觉完成其现代化的转型——在与现实的互动和融合中发扬优秀的传统道德，不断吸收新的价值、规范和准则，同时抛弃、转换和改造传统道德中已经不适合社会主义建设需要的部分，并赋予其新的时代精神内涵。现代化加速传统道德的现代化转型，最后还应落实到以马克思主义为指导的社会主义现代化道德建设中，坚持集体主义的基本原则、为人民服务的核心思想不能变，在此基础上引导人们正确处理人与人、人与社会以及人与自然的关系，践行社会主义核心价值观。换言之，传统道德的现代化过程，应该是不断地与社会主义市场经济相适应的过程，也是不断地与社会主义法律规范相协调的过程。

三、全球化加剧外来文化与本土文化的冲突与融合

全球化已经成为一个确凿无疑的事实，每个国家无一例外地被卷入全球化的浪潮中。全球化主要表现为经济的全球化，世界市场和世界范围内产业分工格局的形成，要求打破各国、各地区之间隔绝的状态，而代之以世界范围内经济上的合作与分工状态。国家和民族之间的经济联系日益紧密，人才流动日益频繁，相互依赖的程度不断加深，随即带来的政治和文化的交往也不断扩大。因此，"过去那种地方和民族的自给自足和闭关自守状态，被各民族的互相往来和互相依赖所代替了。物质的生产是如此，精神的生产也是如此。各民族的精神产品成了公共的财产"。[2]从这个意义上来看，文化的全球化是以经济为先导的全球化格局的必然结果。

在这样的时代背景下，各民族之间文化的交往、互渗、碰撞和冲突就不可避免且越发普遍。应该看到，全球化带来的文化多元化和价值多元化是现象，本质上仍是以西方文化的强势渗透为主要特征。其一，西方的生活方式、思维方式、道德标准、审美趣味和价值观念等，以消费主义大众文化的形态

---

〔1〕 罗国杰："批判继承中国古代优秀的传统道德建设有中国特色的社会主义精神文明"，载《高校理论战线》1996年第1期。

〔2〕 中共中央马克思恩格斯列宁斯大林著作编译局编：《马克思恩格斯选集（第1卷）》，人民出版社1972年版，第255页。

和一种"主流"的姿态传播到世界上各个角落，对我国的传统生活方式和本土文化造成了巨大的冲击。特别是对青少年，西方文化的入侵极易降低爱国主义教育的功效，从而侵蚀青少年的国家意识，消解青少年对民族传统和民族文化的认同感。其二，西方文化基因的异质性决定了它必然与我国的本土文化产生冲突。西方文化中重功利、善逻辑、长于结构分析的科学主义特征，与我国文化的重礼义、重整体认知和道德人格养成的伦理主义特征之间存在着巨大的差异，这是造成中西文化冲突的根源。

由此，个体的价值观和社会价值观在多元文化图景中也变得更为多元和多样，同时，也加大了个体的独立判断和价值选择的困难程度。价值观念的变更带来的直接变化，是改变了人与人、人与社会甚至人与自然之间的关系，从而引起社会道德规范的整体变革。正如阿尔文·托夫勒所言："东西用完就扔的文化扩展了，临时性的建筑越盖越多了，模式化部件日渐普及了；这些情况都产生同样的心理效果：人与周围事物的联系越来越短暂了。"[1]这正体现了全球化的悖论：经济全球化和科技进步本欲紧密人们之间的联系，但在实际效果上却扩大了文化之间的差异，引起"不同集团和国家之间的冲突"，这种"文明的冲突"在亨廷顿看来，有可能升级为更大规模的战争和地区的军事冲突。[2]这是当前世界范围内地区冲突和恐怖主义的主要原因。

为了有效避免文明的冲突，首先，我们应该清醒地认识到，全球化就像一把双刃剑，我们有必要匡正人们对全球化的理解并划定其边界。全球化并非文化的全球一体化，而是在尊重各民族文化独立性和完整性的基础上所进行的交往、竞争和合作。其次，全球化背景下的价值多元性是伴随不同价值观念的剧烈碰撞而产生的，如何看待他国的价值观以及培养青少年参与共建共同的价值理念和道德规范，是我国当代的德育必须要面对和解决的课题。最后，我们的文化应该有所担当。一方面要客观地看待西方文明消极没落的一面，警惕全球化已经或即将带来的一系列问题，如能源危机、生态危机、国际安全问题等。在问题和危机面前我们具有共生和担当的意识，在文化改造中体现全人类相互依存、共担风险的要求。中西文化各有千秋，也各有弊

---

〔1〕 ［美］阿尔文·托夫勒：《未来的冲击》，孟广均等译，新华出版社1996年版，第51页。

〔2〕 参见 ［美］赛缪尔·亨廷顿：《文明的冲突与世界秩序的重建》，新华出版社1998年版，第8页。

端。我们深信，今后世界文化的走向，必然是中西文化碰撞交流后产生的世界新文化。钱穆寄予厚望的是道德文化和艺术文化。"将来人类新文化之'最高企向'……决然为'道德的'、'艺术的'，而非宗教的与哲学的。"〔1〕我们的德育转型，是否能够做到正确引导人们面对全球化，是否能够帮助人们建立全球化的视野和"世界共同体意识"，进而在解决全球化问题时付诸行动，这些将是检验德育成效的重要衡量指标。

　　总之，学校德育必须回应当代社会发展的新问题和新形势，在社会转型、现代化和全球化推进的过程中重新定位，反思德育既有的目标、内容、模式、效果和价值追求的局限性，自觉完成德育的现代转型。

第三节　我们如何赢得未来：大学精神育人的优化策略

　　社会的现代化和人的现代化呼唤德育的现代化转型。同时，因为人的现代化是社会现代化的基础，所以人的思想道德的现代化成为现代德育的核心任务。在大学育人的过程中大学精神是一种优良的德育资源。在德育转型的过程中，大学精神育人的模式将有效提升德育的品质和成效。接下来，我们将探讨如何通过优化学校的资源、环境、方法、路径、制度和队伍建设等来增强大学精神育人的效果，从而在实践中提升人的理性、德性和审美素质，促进人的思维、情感、道德和行为方式的现代化，促成适应社会发展和符合人性的现代人格的产生。

一、优化学校资源，凝聚大学精神

　　立德树人是我国大学的根本任务。我国从第一所现代意义上的大学——京师大学堂成立伊始，就以培养"硕学闳材"、中兴民族国家为办学宗旨，因此大学的一切活动围绕着育人而展开。大学的课程资源、校园文化资源、人力资源（师资和校友）等，都蕴含了丰富的大学精神因子，值得我们去挖掘、开发和利用。

　　首先，大学可以通过优化大学的课程体系、建立优质的通识课程，来弘扬大学课程资源中蕴藏的大学精神。目前我国的课程体系一般是指显性课程

---

〔1〕　钱穆：《文化学大义（新校本）》，九州出版社 2012 年版，第 133 页。

和隐性课程，包括专业课程、通识课程和校园文化活动。由于历史的原因，专业教育长期在我国大学中占据主导地位，通识课程仍起着点缀作用，导致课程质量和体系化程度不高。实际上，我国现代大学史和世界一流大学的课程实践表明，通识教育在学生的学科基础养成、综合能力培养、思考的独立性和创造性培养方面发挥着无可替代的作用。通识课程能更好地体现文化的延续性和价值取向，体现大学育人的开放性、时代性和发展性。哈佛大学的"核心课程"涵盖了历史、科学、文学艺术、伦理思辨、社会分析、定量推理和外国文化七大领域，以服务于"非专业性、非职业性、非功利性"为目的的通识教育，为该校卓越人才的培养打下了坚实基础。斯坦福大学的"斯坦福导读课程"，强调学生尽早与学科的最前沿接触有利于建立学生的学科思维，提高学科素养和对学科的敏锐性。牛津大学的"复合课程"，如科学与经济学、数学与哲学等，重视对学生的交叉学科思维进行开发和培养。而芝加哥大学以"名著阅读计划"为主线推行课程改革，此举旨在纠正大学实用主义和轻视品格教育的倾向。所以说，一流的大学必定有一流的课程体系和一流的通识课程。

那么，如何挖掘专业课程和通识课程中的大学精神资源呢？第一，课程教学无论是整体设计还是教学过程都应贯彻全人教育的理念。其实，我国的传统教育并不满足于通才教育，而是一贯重视德才兼备的原则，达到理想人格的锤炼。钱穆对"通识"的解释即体现了传统教育的特征："各业皆由人担任……其人则必具备通德，此指人人共通当有的，亦称达德。担任这一业，也须懂得这一业在人生共同立场上的地位和意义，此谓之通识。"〔1〕这一理念超越了西方博雅教育只强调传授知识和技艺的局限。第二，课程体系建设是关键。在课程体系设计上要科学配置传统学科、基础学科和新兴学科的课程比例，体现知识的完整性和前沿性；在专业课程内容设计上坚持价值导向和知识导向并重的原则；在通识课程的设计上应加强人文课程和科学课程的融合。第三，应注重专业课程和通识课程两者在育人理念、目标、知识的内在连贯性和逻辑自洽等方面的一致性，实现两者的有机整合。第四，在通识课程教育内容的选择上要立足于知识的完整性、连续性和广涵性，要把发展理性的"人性的教育"和培养现代社会合格公民的教育作为两大依据。最后，

〔1〕 钱穆：《国史新论》，生活·读书·新知三联书店2001年版，第224页。

专业课程的教学中也应该体现"德才同彰"的原则，把价值教育寓于知识教育中。

其次，课程建设之外，还要通过提升校园文化环境和活动的品质来培育大学精神。大学校园文化是大学精神的体现形式之一。大学精神通过校园文化向外辐射，并且通过校园文化与社会文化的互动，将自身与时代精神和民族精神有机融合，所以说校园文化是传承和发扬大学精神的重要载体。校园文化展开的物质空间包括教室、办公楼、图书馆在内的校园全空间，在文化内容上则包括环境文化、制度文化和精神文化。校园文化的品质应该是一种全空间、全方位和多层次的整体提升，具体表现在：第一，优化校园文化的环境是基础。校园文化的静态环境要体现人性化的设计，既要在自然景观的空间布局、功能和美化等方面服务于师生生活和学习的需要，又要在校园的人文景观设计上提升品位和内涵。通过局部空间展示和细节的打磨建立一套统一的价值标识体系。在校园文化的活动设计上应体现学校的办学理念、定位、特色等。为吸引学生的参与，应该尽量设置成连续性或长期的活动设施，供社团、党团和其他学术组织开展活动时使用。环境文化往往无声胜有声，优美的环境在育人中能够发挥潜移默化的作用。第二，提升校园文化活动的层次是关键。校园文化一旦形成了传统，就会成为一股无形的力量，深刻影响着师生的思维方式、生活态度、心理情趣和行为作风。师生会自然而然地在启发和指引下去思考、去行动。校园文化活动形式包括政治、学术、科技、艺术、法制、道德、娱乐活动等。作为一种群体文化，校园文化兼具大众文化和高雅文化双重特征，但总的来说，校园文化应该超越娱乐性和"康乐型"的大众文化，成为能够引导师生关注社会现实、进行质疑和知识探索的主流高雅文化。

最后，大学应挖掘大学人力资源中蕴含的大学精神。其中，教职员工是学校宝贵的人力资源，他们是大学精神的承载者，也是大学精神的"根"与"源"。梅贻琦一言以蔽之："我们的精神修养，亦全赖于教授的 inspiration（精神感召）。"[1]大学应通过树立教职工队伍中的教书育人、爱岗敬业、乐于奉献和善于创新的道德楷模和先进典型，来营造良好的教风、校风和学风，

---

〔1〕 梅贻琦："就职演说"，载刘述礼、黄延复：《梅贻琦教育论著选》，人民教育出版社1993年版，第10页。

来弘扬校园内的正能量。校长、教授和普通教职员工在校园的德育生态中各自发挥了不同的作用，它们相互促进，又互为补充，汇成一股流动的大学精神，最终合力成为学校追求教育理想、实现办学目标的强大动力。而校友中的精神资源同样值得挖掘。

近年来，很多高校也越来越重视校友资源的开发利用，因为校友资源生生不息，他们所拥有的文化资源、信息资源和社会影响力也是学校宝贵的财富。校友既是学校的"人才产品"，也是学校教育品质和大学精神的"代言人"。对于学校来说，校友的认可和信任是学校良好声誉的来源，同时校友的人格魅力、社会影响力和工作业绩是做人和做事的综合体现，也能为母校增光添彩；对于大学生而言，优秀校友的人生阅历和思想品格能给他们树立标杆和榜样。同时，校友身上所展现的精神特质外烁成为群体人物的风采、风范或风骨，这种文化的印痕或"标识"就像品牌一样具有巨大的价值，是大学精神的体现和传播。换言之，大学精神有助于汇聚强大的校友资源，反过来优秀的校友资源也有助于传承和践行大学精神。

二、尊重主体，优化大学精神育人的方法和路径

狭义的德育方法，是指教师和学生在德育过程中为达成一定的德育目标而采用的、有一定内在联系的活动形式与手段组合。[1]大学精神育人作为一种特殊的德育活动，它的德育目标是用大学精神育人之"精神"和通过育人来传承大学精神，这样的一种双向的育人过程必然决定了它德育方法的特殊性。德育方法的选择要根据具体的内容和受教育者的特点来选择最经济、成效最大的方式。马卡连柯认为，具有决定意义的不是孤立的教育手段，而是和谐地组织起来的手段体系。[2]优化大学精神育人的德育方法体系，既要遵循目的性原则和系统性原则，也要遵循灵活性和创造性相结合的原则。因为德育活动本身是一个具有艺术性的实践活动。当然，"不愤不启，不悱不发"，我们在德育方法的选择上还应坚持受教育者的主体原则，充分激发主体的主动性和创造性。榜样示范法、情感陶冶法、内省法等最能够体现德育主体能

---

〔1〕 参见檀传宝：《德育原理》，北京师范大学出版社 2007 年版，第 230 页。
〔2〕 参见 [苏联] 安·谢·马卡连柯：《论共产主义教育》，刘长松、杨慕之译，人民教育出版社 1981 年版，第 124 页。

动性的方法，在大学精神育人的过程中应得到普及和优化。

　　榜样示范法。榜样示范是指通过他人的高尚品德、卓越成就和理想人格来示范和激励受教育者的方法。在大学精神育人过程中，教师本身的榜样示范作用最为明显。卢梭曾说过，"在你敢于承担起塑造一个人的任务之前，你自己首先必须是一个人"〔1〕。也即表明，教育者自身必须具有较为完整的道德人格，因为"道德教育应当是一种精神人格的整体培育活动"〔2〕。相比其他，大学精神育人应更加强调全员育人，对全体教师员工的道德水平和精神状态提出了更高的要求。具体来分析，根据对大学生的影响程度来划分，教职员工可以分为三种群体：大师、校长和普通教职工。首先，大师和校长，包括对大学的创办和发展作出过卓越贡献和发挥了显著影响的人物，他们是学生最敬仰、最崇敬的群体，他们通过自己的言谈举止和行为方式体现出大学精神，时时、处处潜移默化地影响着受教育者的精神世界，对学生具有强烈的示范作用。大师精神，除了道德层次上的崇高，还体现出了一种兼容并包的精神气势，所谓"小德川流，大德敦化"，大学对不同的人物、不同的思想流派和不同的政见都持有一种包容并育之心态，体现大学之"大"的真正内涵，最后达到转移社会风气、引领时代精神的状态。其次是大学普通教师员工的榜样示范作用。前文已经提及，作为大学宝贵的人力资源，教职员工中也蕴含了丰富的大学精神，他们是传承和践行大学精神的重要载体。当然，还要重视朋辈的榜样示范作用，应发挥朋辈教育的优势，注意发现、挖掘和积累优秀大学生群体中的道德典型和大学精神典范。大学通过标兵评选、人物宣传、优秀事迹宣讲等方式，发挥榜样的说服力和感召力，从而在校园从内到外彰显出大学精神的强烈气势，达到事半功倍的效果。最后，也不能忽略历史人物和当代英雄人物对大学生的影响力，在教育中要引入优秀传统文化和时代精神资源。应注意联系现实和当代大学生的特点，对历史上民族英雄的精神资源进行创造性转化；同时，对把建功卓著的当代人物精神进行提炼总结，充分地挖掘、阐释，发展那些充盈在社会生活中的、并能够作为大学精神典范的内容，加以倡导和丰富。

---

　　〔1〕　[法] 让·雅克·卢梭：《爱弥儿（精选本）》，彭正梅译，上海人民出版社 2014 年版，第 47 页。
　　〔2〕　檀传宝：《德育原理》，北京师范大学出版社 2007 年版，第 237 页。

情感陶冶法。情感陶冶法是通过设置一定的情境让学生得到道德情感上的熏陶和道德认知上的启发，"陶情"和"冶性"是它的两种作用机制。在大学精神育人过程中，情感陶冶法的效果最明显，因为大学精神育人的主要机制就是通过环境的营造来影响受教育者，唤醒其追求真理和自我完善的主体意识。那么，如何创设一个良好的大学精神育人情境来陶冶情操呢？首先，应该在创设教育情境时突显仪式感的作用，通过仪式集中地表达特定的精神主题并达到感染人的效果。因任何仪式都有追求整齐和庄严的特点，教育仪式能使教育的双主体在同一情境中、在特定的气氛中产生共鸣并相互影响，从而使那些抽象的理念和精神品质变得生动和具象。当前的大学教育中也有各种各样的仪式活动，如开学典礼、毕业典礼、升旗仪式和活动启动仪式等，但大多数在流程和结构的设计上陷入程式化、形式化，忽视了受教育者的主体地位，结果导致形式单一、内容流俗，教育功效甚微。其次，在育人情境的设计上要尽量淡化教育的目的性，以免引起受教育者的反感。一方面，如果在情境中过于凸显教育目的，就会使教育活动显得僵硬而导致"失真"；另一方面，大学生的心智已基本接近成熟，能较为独立地思考问题并作出自己的判断。在设计育人情境时如果未能体现出他们的参与性和主动性，往往会让他们产生出对活动本身的"怠惰"感，导致整个教育活动"失效"。最后，增强大学精神的陶冶作用还要在环境的净化和美化上下功夫。教师得体的仪表、整洁雅致的育人空间、充满人文气息的校园环境等，都会烘托出良好的育人氛围，提升德育之"美感"。良好的德育环境还能够让教育的双主体在良好的环境中充分互动，发动学习的动机和理解力，最终体会到活动所带来的愉悦感和幸福感。

内省法。内省法本意是指心理学上的自我观察和自我体验的方法。在德育领域，内省是指受教育者通过内察、反省自我言行来获得自我的道德提升。古希腊哲学家认为美德就是过符合道德的生活，他们认为智慧是最重要的美德，是其他美德的基础。为了获得智慧，他们强调理性和自我克制，通过节制欲望来获得内心的平静。这也可以称为一种"内省"。不同于西方的是，我国的道德传统中"性善论"是主流，所以儒家强调美德的实现甚于美德本身。"大学之道，在明明德"，学习的目的就是获取美德。作为儒家最为推崇的君子之道，正是通过"格物、致知、诚意、正心、修身、齐家、治国、平天下"的"八纲目"来达成修为。其中，以诚意正心为中介的修身方法连接了知识和道德的两端，"吾日三省吾身——为人谋而不忠乎？与朋友交而不信乎？传不习乎？"说明内省是修身的基本方法，人应该每天多次反省自我的言行、自我修养和学习情况，唯有如此，才能达到"内圣外王"的最高境界。

内省法对大学精神育人和当代德育仍有极大的借鉴意义。在个人主义盛行的今天，很多人以自我为中心，公德意识和集体观念淡薄，造成了道德教育中"知行脱节"的困境。大学生道德认知水平较高，理性思维较为发达，他们的优势在于获取大量的信息以提高道德认知的水平。但是，要真正掌握大学精神的基本内涵和原则，真正达到践行追求真理、批判现实、自觉提高道德修养的要求，绝不是"动动手指点键盘"那么简单。我们的大学精神育人过程，要借助内省法重点培养大学生的道德反思能力。这既包括了对道德本身的内容和方式方法等进行批判反思，也包括对自我道德状况和道德行为的反思。可以说，这是德育工作取得成效的关键。本书认为，以此为切入点，我们要调整大学精神育人的具体目标，注重针对不同的人群、不同的时间节点甄选教育的内容。其中，强调精神的自我养成既是大学精神育人的出发点也是归宿。

三、培育现代大学精神，完善现代大学制度

要建立科学的现代大学制度，必须要保证其思想基础及精神主旨符合现代大学的特征，故而"现代大学制度建设的关键，并不是具体的制度本身，而是作为制度思想基础及精神主旨的现代大学观念"[1]。可以说，大学精神是现代大学制度的依据和灵魂，而健全的现代大学制度是大学精神育人的重要保证。大学育人亟需现代大学制度在理论基础上夯实大学理念，在制度的框架上完备大学运行机制，以及在制度内容上与大学精神主旨协调一致。

大学理念是大学制度的理论前提和思想基础，而大学制度则是大学理念的具体体现，大学理念决定了大学制度的价值向度和思想层次。我国的大学绝大多数是政府出资举办的，而政府举办大学的资金来源是全体纳税人，这就要求我国的现代大学制度一定要理顺大学、政府、社会、学习者之间的关系，明确各方的权利和义务关系。换言之，责、权、利问题是大学制度建设的核心问题。目前被普遍认同的制度建设原则是：政府负责宏观调控，大学

---

〔1〕 王长乐："现代大学制度建设的基本原则"，载《清华大学教育研究》2007年第3期。

依法自主办学，大学内部实行民主管理，并接受社会监督。但在现实生活中，这几个主体之间的责、权、利关系并未界定清晰。虽然我国政府在制度的顶层设计中一直强调大学的自主办学权，但是，大学自身的发展逻辑受到行政权力和市场的双重干扰，大学在实际运行中很难落实自主办学和民主管理的原则。导致这一现象的根本原因是政府和管理者对大学理念的理解不一甚至混乱，对"大学为何"和"大学何为"等根本问题认识不清。因此，在现代大学制度的建设中，政府和管理者若能坚持"法不禁止即自由"和"法不授权不可为"的两大原则，在此基础上达成大学自治理念的基本共识，那么大学治理才有可能形成政府宏观管理、大学自主办学、社会广泛参与、多元共治的现代治理格局。

近年来，人们逐渐意识到，现代大学制度建设是大学从管理走向治理，顺利推进高等教育治理现代化的关键。但现代大学制度建设不是"现代大学制度"建设，要警惕那种把中国国情现行法律现状作为现代大学制度建设停滞不前的理由的观点。实际上，现代大学制度应该立足于现代知识生产的特点及规律，现代大学制度的精神主旨要回归教育的本真——育人。在此基础上，现代大学制度再主攻如何落实政府监督办学、教育家办教育、学者治学和学生自由学习的四大主体原则。否则，任何的制度改革只能是"头痛医头，脚痛医脚"，大学治理的现代化将永远只能停留在"空中楼阁"。

现代大学制度建设还应考虑大学独特的组织特性。大学不同于其他的社会组织，大学的文化特性决定了要从文化的角度去考虑制度建设的问题。首先在人才培养目标的设定上要充分体现文化深层结构的要求。从文化传承的角度来看待大学，人才培养的过程也即引导人们进行文化选择、传播和创造的过程，故而现代大学制度建设要从制度上保证优质的、优秀的先进生产力文化得到培育、传播和弘扬，成为大学育人的优势文化。同时，大学是追求并创造高深知识的场所，也是不同学科聚合和交汇的中心，知识创造活动的长期性、交叉性和创造性要求大学给予它的每一个成员充分的独立性和自主性，故而要求现代大学制度保障大学师生的研究自由、教学自由和学习自由。最重要的是，现代大学制度要协调好"以行政管理系统"为基础的科层管理模式与古典大学传统的"以院系学术管理"为基础的专业组织管理模式之间的矛盾，立足于特定的大学组织特征。大学组织的特殊性还体现在，它具有一种"有组织的无政府状态"（organized anarchy）的特征。虽然大学也要依靠科层组织来完成其行政事务，但总的来讲，它还是非集权的、松散的和软弱的组织形式。美国学者科恩和马奇认为，大学作为一种学术组织决定了它的"有组织的无政府状态"，并具有三个特点：难以确定的目标、含糊不清的技术和不断变化的参与。因此，不同于企业组织"目标导向的精细化决策模式"，对大学的管理应该采用"模糊性决策模式"[1]。总之，现代大学制度建设要立足于大学的文化特征和其独特的组织特征，若在其他经济组织或政治组织制度的后面亦步亦趋，无异于"邯郸学步""东施效颦"。

现代大学制度的框架要完备。一个完整的大学制度框架至少应该包括三大模块：以教授（学者）为核心的学术管理体制，以专家为主的同行评议制度和一个以激励学术研究为主的长效激励机制。教授治学的学术管理体制，有利于营造尊重学术自由、尊重人才和知识创新的氛围。如何落实教授治学制度？除了要建立学术委员会、教学指导委员会、校务委员会和教职工代表委员会等机构之外，更要在大学学术管理过程中落实多方参与和多元互动的制度安排，杜绝"学术权力垄断"和学术指标管理的"GDP导向"，依法保障教授和广大教师的平等参与权和监督权。同行评议制度是大学治理科学化和民主化的重要内容。对于保障学者权利、激励学者研究，以及保障学术品质具有重要意义。两者对于大学育人的意义也不言而喻，科学的学术管理和激励机制以及同行评议制度是全体大学人追求真理、探求高深学问的制度基石，从而使大学成为学术观点创新、学科体系创新和研究方法创新的人才聚集地。

法治是现代大学治理的题中应有之义。现代大学制度的体系要达成内在的逻辑体系和内容体系协调一致，关键在于确立大学章程在现代大学制度中的"根本大法"之地位，发挥其在规制大学内部权力运行和外部权力不当干涉中的效力。而大学章程的效力，除了文本本身的法律效力以外，本质上来源于"贯穿大学章程形成过程始终的内在精神意蕴"[2]。大学章程内容的形成过程，跟每所大学的现实定位和办学宗旨有关，更与大学的发展历史、学科积淀和人文传统密切相关，而这些因素从根本上决定每所大学的章程在精

---

〔1〕［美］迈克尔·D.科恩、詹姆斯·G.马奇：《大学校长及其领导艺术——美国大学校长研究》，郝瑜译，中国海洋大学出版社2006年版，第9页。
〔2〕董雅华："大学章程的精神建构"，载《复旦教育论坛》2017年第1期。

神底蕴和价值取向上的差别。如西南大学的章程总则中明确的"杏坛育人、劝课农桑、学行天下、服务民生"的办学宗旨，天津大学章程则提出"兴学强国"办学宗旨，北京大学在章程中明确了北大要继承"爱国、进步、民主、科学"传统和"思想自由、兼容并包"的精神等。但是，大学章程的内容能否贯穿大学的办学宗旨这一主线，而大学章程中显现的精神意蕴能否贯彻大学制度建设的始终？这才是大学制度的精神构建的关键所在。

四、建立全面育人机制，发挥大学精神育人的协同效应

我国的教育传统一贯强调"求学"与"问道"的统一以及教书和育人的统一，因此对教师的人格魅力的要求与学术水平一样高。而传统教育所要造就的是德才兼备的"硕学闳材"，而中国现代知识分子所追求的，即陈寅恪所谓"士之读书治学，盖将以脱心志于俗谛之桎梏，真理因得以发扬"[1]，这是一种在自由思想和独立精神导引下方能治学的新境界。蔡元培曾对民国教育缺失人格教育的现状表示忧虑，他不无尖锐地指出："国民而无完全人格，欲国家之隆盛，非但不可得，且有衰亡之虑焉。"[2]梅贻琦更是直言专才教育的流弊："以无通才为基础之专家临民，其结果不为新民，而为扰民。"[3]在新的历史时期，我国政府也愈来愈认识到教师的人格在教育中的重要性。习近平总书记指出，要开创高校育人新局面，必须坚持"四个统一"：坚持教书和育人相统一，坚持言传和身教相统一，坚持潜心问道和关注社会相统一，坚持学术自由和学术规范相统一，并倡导广大教师以德立身、以德立学、以德施教。[4]由此可见，教师的人格魅力和精神素养是加强教师队伍建设和优化大学育人策略、提升育人效果的根本。

加强队伍建设，教师的师德师风建设是重点。在我国目前的大学教育格局中，育人工作主要由思想政治教师队伍承担。这支队伍由三部分组成：一是高校党政干部和共青团干部，二是思想政治理论课教师和哲学社会科学课

---

〔1〕 陈寅恪：百度百科 https://kaike.baidu.com/item/清华大学王观唐先生纪念碑铭，最后访问时间：2019 年 10 月 8 日。

〔2〕 高平叔：《蔡元培教育论著选》，人民教育出版社 1991 年版，第 3 页。

〔3〕 清华大学校史编写组：《清华大学校史稿》，中华书局 1981 年版，第 117 页。

〔4〕 参见"习近平：把思想政治工作贯穿教育教学全过程"，载新华网，http://news.xinhuanet.com/politics/2016-12/08/c_1120082577.htm.

教师，三是辅导员、班主任和心理咨询教师。他们是高校思想教育责任体系和全员育人的主力。大学要重点加强思政队伍的精神文明建设，提升他们的师德修养和精神风貌，因为他们是大学生成长的引路人，是大学生获取精神动力和汲取人格养分的宝藏，他们具有教育、团结和联系大学生的天然优势。他们通过教学和德育实践活动，把大学的育人理念和大学精神贯穿于大学生的思想引领、校园文化、科技创新、社会实践、组织建设等各项工作中。思政队伍整体素质的提高，还能带动全校师生员工主动参与到全程育人过程中，形成德育的合力，实现共同育人。

当然，加强队伍建设，还要增加德育的物质投入，一方面调动教师队伍参与大学精神资源的开发和利用的积极性和创造性，另一方面改善教师的工作环境和大学精神育人的物质条件。德育经费投入不足很有可能影响教师队伍的稳定性和教师参与德育资源开发和利用的积极性，首先要重视对大学德育课程开发和投入，开发根植于本校的大学精神文化课程。如校史课程，通过参观校史馆、了解大学创始人的办学思想等让学生深入了解本校的创业史和光辉历程；通过《开学第一课》，请出校长、老教师或校友等讲述大学的成长历程与大学学习的联系；或者通过校本教材的建议和开发，将本校大学精神的内涵融入到校园故事、逸闻趣事、校园心语等中，作为大学生的读本流传下来。因为德育课程开发过程也是教师自我提升的过程，换言之，没有教师的发展就没有德育课程的发展。校内外的环境资源、人文资源、人力资源等都是开发大学精神育人课程的宝藏。优秀大学文化课程必然蕴含着真善美的大学精神，体现出热爱自然、热爱科学、追求真理和服务地域发展的大学理念，并为大学生走近生活、自由探索自然和社会提供更为独到的视角和丰富的精神体验。

校本课程德育资源的开发与利用更需要学校有关人士积极主动参与，从而形成一个合作伙伴的关系、一个互动的网络。这个互动的网络中，学校内的成员能一起合作、互相支援、彼此激励和共同承担。德育资源开发与利用就是这个网络集体决策的产物。这个互动的网络使学校成为一个有机的整体，能够对外界的刺激和变化做出适当的、有效的和迅速的反应。这种合作、对话、民主的学校文化将极大地扩大德育资源的开发与利用的范围。

参考文献

一、著作类

［1］中共中央马克思恩格斯列宁斯大林著作编译局编：《马克思恩格斯全集（第 3 卷）》，人民出版社 1960 年版。

［2］中共中央马克思恩格斯列宁斯大林著作编译局编：《马克思恩格斯全集（第 2 卷）》，人民出版社 2009 年版。

［3］中共中央马克思恩格斯列宁斯大林著作编译局编：《马克思恩格斯全集（第 3 卷）》，人民出版社 2009 年版。

［4］中共中央马克思恩格斯列宁斯大林著作编译局编：《马克思恩格斯选集（第 1 卷）》，人民出版社 1972 年版。

［5］中共中央马克思恩格斯列宁斯大林著作编译局编：《马克思恩格斯全集（第 42 卷）》，人民出版社 1979 年版。

［6］［德］黑格尔：《精神现象学》上卷，贺麟、王玖兴译，商务印书馆 1997 年版。

［7］［德］黑格尔：《小逻辑》，贺麟、王玖兴译，商务印书馆 2003 年版。

［8］［德］路德维希·费尔巴哈：《费尔巴哈哲学著作选集》上卷，荣震华等译，商务印书馆 1984 年版。

［9］Abraham Flexner, *Universities: American, English, German*, New York: Oxford University Press, 1930.

［10］Francis Wayland, "Report to the Brown Corporation" (1850), in *American Higher Education: A Documentary History*, Chicago: University of Chicago Press, 1961.

［11］John Edwin Smith, *Value Convictions and Higher Education*, New Haven: Edward W. Hazen Foundation, 1958.

［12］Hastings Rashdall, *The Universities of Europe in the Middle Ages*, Oxford University Press, 1936.

［13］Clark Kerr，*The Uses of the University*，Cambridge：Harvard University Press，1963.

［14］Talcott Parsons，Gerald M. Platt，*The American University*，Cambridge：Harvard University Press，1973.

［15］［英］海斯汀·拉斯达尔：《中世纪的欧洲大学——大学的起源》（第一卷），崔延强、邓磊译，重庆大学出版社 2011 年版。

［16］［美］迈克尔·D·科恩、詹姆斯·G·马奇：《大学校长及其领导艺术——美国大学校长研究》，郝瑜译，中国海洋大学出版社 2006 年版。

［17］［俄］伊·斯·马里延科：《德育过程原理》，牟正秋、王明辉译，人民教育出版社 1985 年版。

［18］［法］让·雅克·卢梭：《爱弥儿（精选本）》，彭正梅译，上海人民出版社 2014 年版。

［19］［美］赛缪尔·亨廷顿：《文明的冲突与世界秩序的重建》，新华出版社 1998 年版。

［20］［美］阿尔文·托夫勒：《未来的冲击》，孟广均等译，新华出版社 1996 年版。

［21］［美］约翰·齐曼：《元科学导论》，刘珺珺译，湖南人民出版社 1988 年版。

［22］［俄］瓦·阿·苏霍姆林斯基：《让少年一代健康成长》，黄之瑞译，教育科学出版社 1984 年版。

［23］［德］卡尔·雅斯贝尔斯：《什么是教育》，邹进译，生活·读书·新知三联书店 1991 年版。

［24］［德］马克斯·霍克海默、特奥多·威·阿多尔诺：《启蒙辩证法（哲学片断）》，洪佩郁、蔺月峰译，重庆出版社 1990 年版。

［25］［美］科尔伯格："学校的道德教育"，载瞿葆奎主编：《教育学文集：德育》，人民教育出版社 1989 年版。

［26］［美］阿拉斯代尔·麦金太尔：《追寻美德》，宋继杰译，江苏译林出版社 2004 年版。

［27］［法］爱弥尔·涂尔干：《道德教育》，陈光金等译，上海人民出版社 2006 年版。

［28］［法］爱弥尔·涂尔干：《教育思想的演进》，李康译，上海人民出版社 2006 年版。

［29］［美］约翰·杜威：《民主主义与教育》，王承绪译，人民教育出版社 2001 年版。

［30］［美］艾伦·布卢姆：《美国精神的封闭》，战旭英译，译林出版社 2007 年版。

［31］［法］皮埃尔·布迪厄、［美］华康德：《实践与反思——反思社会学导引》，李猛、李康译，中央编译出版社 1998 年版。

［32］［美］兰德尔·柯林斯、迈克尔·马可夫斯基：《发现社会——西方社会学思想述评》（第八版），李霞译，商务印书馆 2014 年版。

［33］［美］威廉·A. 哈维兰等：《文化人类学——人类的挑战》，陈相超译，机械工业出版社 2014 年版。

［34］［美］伯顿·克拉克：《高等教育新论——多学科的研究》，王承绪等译，浙江教育

出版社 2001 年版。

[35] ［美］约翰·塞林：《美国高等教育史》，孙益等译，北京大学出版社 2014 年版。

[36] ［美］斯塔夫里阿诺斯：《全球通史——从史前到 21 世纪》（下），吴象婴等译，北京大学出版社 2006 年版。

[37] ［英］罗纳德·巴尼特：《高等教育理念》，蓝劲松主译，北京大学出版社 2012 年版。

[38] ［美］约翰·S. 布鲁贝克：《高等教育哲学》，王承绪等译，浙江教育出版社 2002 年版。

[39] 钱穆：《文化学大义》，九州出版社 2012 年版。

[40] 钱穆：《国史新论》，生活·读书·新知三联书店，2001 年版。

[41] 刘军宁主编：《大学之道：北京大学的传统》，天津人民出版社 2008 年版。

[42] 陈平原：《大学有精神（修订版）》，北京大学出版社 2016 年版。

[43] 刘琅、桂苓主编：《大学的精神》，中国友谊出版公司 2004 年版。

[44] 许美德、李军等：《21 世纪中国大学肖像：向大众化高等教育的转型》，广西师范大学出版社 2015 年版。

[45] 王冀生：《现代大学文化学》，北京大学出版社 2002 年版。

[46] 陈平原：《大学何为》，北京大学出版社 2006 年版。

[47] 张应强：《大学的文化精神与使命》，安徽教育出版社 2008 年版。

[48] 储朝晖：《中国近代大学精神史》，人民教育出版社 2013 年版。

[49] 储朝晖：《中国大学精神的历史与省思》，山西教育出版社 2006 年版。

[50] 李培根：《认识大学》，商务印书馆 2015 年版。

[51] 张跃进：《大学文化与大学精神建设》，中国社会出版社 2010 年版。

[52] 潘懋元主编：《多学科观点的高等教育研究》，上海教育出版社 2001 年版。

[53] 金耀基：《大学之理念》，生活·读书·新知三联书店 2001 年版。

[54] 眭依凡：《理性捍卫大学》，北京大学出版社 2013 年版。

[55] 邓磊：《中世纪大学组织权力研究》，人民出版社 2014 年版。

[56] 贺国庆：《德国和美国大学发达史》，人民教育出版社 1998 年版。

[57] 刘述礼、黄延复编：《梅贻琦教育论著选》，人民教育出版社 1993 年版。

[58] 余英时：《士与中国文化》，上海人民出版社 2003 年版。

[59] 高平叔编：《蔡元培教育论著选》，人民教育出版社 1991 年版。

[60] 马寅初："北大之精神"，载杨东平编：《大学精神》，辽海出版社 2000 年版。

[61] 杨东平编：《大学精神》，辽海出版社 2000 年版。

[62] 徐贲：《阅读经典——美国大学的人文教育》，北京大学出版社 2015 年版。

[63] 檀传宝：《德育原理》，北京师范大学出版社 2007 年版。

[64] 鲁洁：《当代德育基本理论探讨（新世纪版）》，江苏教育出版社 2003 年版。

[65] 高德胜：《知性德育及其超越——现代德育困境研究》，教育科学出版社 2003 年版。

[66] 彭国翔编:《学思答问——余英时访谈集》,北京大学出版社 2013 年版。
[67] 顾明远:《教育大辞典》,上海教育出版社 1998 年版。
[68] 檀传宝:《德育原理》,北京师范大学出版社 2017 年版。
[69] 吴丕、刘镇杰编:《北大精神》,现代出版社 2015 年版。
[70] 涂又光编选:《冯友兰选集》,天津人民出版社 1994 年版。
[71] 孙培青:《中国教育史》,上海:华东师范大学出版社 1992 年版。
[72] 王川:《西方经典教育学说——从苏格拉底到蒙台梭利》,四川人民出版社 2000 年版。
[73] 王道俊、扈中平主编:《教育学原理》,福建教育出版社 1998 年版。
[74] 李泽厚:《马克思主义在中国》,生活·读书·新知三联书店 1988 年版。
[75] 苏云峰:《从清华学堂到清华大学》,生活·读书·新知三联书店 2001 年版。
[76] 黄延复:《二三十年代清华校园文化》,广西师范大学出版社 2000 年版。
[77] 清华大学校史编写组:《清华大学校史稿》,中华书局 1981 年版。

二、连续出版物

[1] 肖海涛:"构建学人的乐园——弗莱克斯纳的大学理念考察",载《有色金属高教研究》2000 年第 5 期。
[2] 刘宝存:"何为大学精神",载《高教探索》2010 年第 3 期。
[3] 邱柏生:"浅议大学文化及大学精神的若干问题",载《复旦教育论坛》2005 年第 3 期。
[4] 骆郁廷:"注重大学精神文化的传承与创新",载《中国高等教育》2012 年第 21 期。
[5] 李培根:"论大学精神与文化",载《国家教育行政学院学报》2015 年第 1 期。
[6] 程光泉:"哲学视野下的大学理念、大学精神、大学文化",载《北京师范大学学报(社会科学版)》2010 年第 1 期。
[7] 董雅华:"大学章程的精神建构",载《复旦教育论坛》2017 年第 1 期。
[8] 蓝劲松、高顺:"论研究型大学的办学理念及其操作",载《清华大学教育研究》2003 年第 5 期。
[9] 韩延明:"理念、教育理念及大学理念探析",载《教育探索》2003 年第 9 期。
[10] 刘宝存:"何谓大学精神",载《高教探索》2001 年第 3 期。
[11] 李辉、钟明华:"'大学精神'的本质特征及其建设思路",载《中山大学学报》1999 年第 2 期。
[12] 杨鲜兰:"论大学精神的培育",载《高等教育研究》2004 年第 2 期。
[13] 冷余生:"大学精神的困惑",载《高等教育研究》2004 年第 1 期。
[14] 张应强:"现代大学精神的批判与重建——为刘亚敏《大学精神探论》而作",载

《高等教育研究》2006 年第 7 期。

[15] 杨兴林："大学精神研究的重新审视"，载《江苏高教》2014 年第 4 期。

[16] 胡建华："思想的力量：影响 19 世纪初期德国大学改革的大学理念"，载《清华大学教育研究》2004 年第 4 期。

[17] 张小杰："关于柏林大学模式的基本特征研究"，载《华东师范大学学报（教育科学版）》2003 年第 2 期。

[18] 王炳照："书院精神的传承与创新"，载《华东师范大学学报（教育科学版）》2008 年第 1 期。

[19] 范宇、庞倩华："功能主义人类学的创立及其作用"，载《黑龙江民族丛刊》2007 年第 1 期。

[20] 展立新："西方高等教育理论的一次深刻的社会学总结——评 T. 帕森斯和 G. M. 普莱特的《美国综合性大学》"，载《北京大学教育评论》2008 年第 4 期。

[21] 王海明："自由释义：自由与利用自由的能力之辨"，载《晋阳学刊》2006 年第 1 期。

[22] 檀传宝："至境德育论"，载《云梦学刊》1998 年第 1 期。

[23] 鲁洁："超越性的存在——兼析病态适应的教育"，载《华东师范大学学报（教育科学版）》2007 年第 4 期。

[24] 林晓："大学制度文化与养成教育的关系探究"，载《南京航空航天大学学报（社会科学版）》2016 年第 1 期。

[25] 杜玉波："深化社会主义核心价值观培育践行　推动思想政治教育工作创新发展"，载《中国高等教育》2015 年第 5 期。

[26] 林建华："积极推进综合改革 充分发挥大学创造潜力"，载《中国高等教育》2015 年第 19 期。

[27] 万美容："当代中国社会变迁与青少年价值观教育转型"，载《思想政治教育研究》2012 年第 2 期。

[28] 谢晖："法治的法律：人化的道德"，载《法律科学（西北政法大学学报）》1997 年第 5 期。

[29] 罗国杰："批判继承中国古代优秀传统道德 建设有中国特色社会主义精神文明"，载《高校理论战线》1996 年第 1 期。

[30] 王长乐："现代大学制度建设的基本原则"，载《清华大学教育研究》2007 年第 3 期。

[31] 鲁洁："再议德育之享用功能——兼答刘尧同志的'商榷'"，载《教育研究》1995 年第 6 期。

[32] 郭聪惠、陈国胜："超越西方历史 走两个文明协调发展的道路"，载《理论导刊》

1997 年第 6 期。

[33] 高天明："大学校史与现代大学精神"，载《河北师范大学学报（教育科学版）》2014 年第 5 期。

[34] 眭依凡："论大学的观念理性"，载《高等教育研究》2013 年第 1 期。

[35] 李有亮："大学精神的缺失与重建"，载《现代大学教育》2009 年第 5 期。

[36] 纪宝成："对大学理念和大学精神的几点认识"，载《中国高等教育》2004 年第 1 期。

[37] 董云川、周宏："可以卓越，无法'一流'——'双一流'建设语境下人文学科生长的价值困局"，载《探索与争鸣》2016 年第 8 期。

[38] 卢晓中："大学精神文化刍议"，载《教育研究》2010 年第 7 期。

[39] 陈平原："大学排名、大学精神与大学故事"，载《教育学报》2005 年第 1 期。

[40] 王勤、韩艳："一流大学与大学精神"，载《浙江大学学报（人文社会科学版）》2005 年第 6 期。

[41] 高桂娟："现代大学制度研究的动向及其文化诉求"，载《现代教育科学》2007 年第 1 期。

[42] 刘献君："中国特色现代大学制度建设的思考"，载《中国高等教育》2012 年第 24 期。

[43] 刘献君："现代大学制度建设的哲学思考"，载《中国高教研究》2011 年第 10 期。

[44] 陈运超："大学章程的价值与实现"，载《复旦教育论坛》2012 年第 3 期。

[45] 郑毅："在自治与自主之间——论我国大学章程的价值追求"，载《法学论坛》2012 年第 5 期。

[46] 冯秀军："现代学校德育环境的生态建构"，载《教育研究》2013 年第 5 期。

[47] 鲁洁："再论'品德与生活''品德与社会'向生活世界的回归"，载《教育研究与实验》2004 年第 4 期。

[48] 鲁洁："教育的返本归真——德育之根基所在"，载《华东师范大学学报（教育科学版）》2001 年第 4 期。

[49] 鲁洁："关系中的人——当代道德教育的一种人学探寻"，载《教育研究》2002 年第 1 期。

[50] 檀传宝："论德育的功能"，载《中国德育》2008 年第 9 期。

[51] 于晓风："马克思主义哲学的自由观浅析"，载《教学与研究》2004 年第 12 期。

[52] 王海明："论自由概念（上）"，载《华侨大学学报（哲学社会科学版）》2006 年第 3 期。

[53] 冉亚辉："论德育的发展流派——理性与关怀"，载《全球教育展望》2009 年第 2 期。

［54］胡春芳、杨宁芳："布迪厄的教育社会学思想除魅——作为符号权力的文化"，载《外国教育研究》2005 年第 7 期。

［55］冯向东："教育科学的理论与实践逻辑——关于布迪厄'实践逻辑'的方法论意蕴"，载《高等教育研究》2012 年第 2 期。

［56］赵万里、高涵："知识社会学与法兰克福学派的社会批判理论"，载《山西大学学报（哲学社会科学版）》2010 年第 6 期。

三、学位论文

［1］刘亚敏："大学精神探论"，华中科技大学 2004 年博士学位论文。

［2］常艳芳："大学精神的人文视界"，东北师范大学 2004 年博士学位论文。

［3］高天明："近代中国大学精神研究"，浙江大学 2004 年博士学位论文。

［4］阎光才："识读大学：组织文化的视角"，华东师范大学 2001 年博士学位论文。

［5］严峰："中国大学文化研究"，复旦大学 2005 年博士学位论文。

［6］庞晋伟："崇善的大学——现代大学的伦理精神探究"，东南大学 2006 年博士学位论文。

［7］张艳红："德育资源论"，东北师范大学 2011 年博士学位论文。

［8］李金宝："德育生态论——当代德育生态危机与重构"，吉林大学 2009 年博士学位论文。

［9］李绍伟："社会教育的德育功能研究"，中国矿业大学 2014 年博士学位论文。

［10］刘巍："德育形态比较研究——以中国古今和中美对比为例"，复旦大学 2014 年博士学位论文。

［11］周宏："论大学德育的文化属性——基于工具性与价值性的层次视角"，云南大学 2013 年博士学位论文。

［12］曾昭皓："德育动力机制研究"，陕西师范大学 2012 年博士学位论文。

［13］马文颖："思想政治教育的文化功能研究"，辽宁大学 2013 年博士学位论文。

［14］孙峰："当代中国德育价值观的变革"，陕西师范大学 2010 年博士学位论文。

［15］李文汇："《德意志意识形态》中的道德思想研究"，北京交通大学 2015 年博士学位论文。

四、电子文献与报纸文章等

［1］"习近平：把思想政治工作贯穿教育教学全过程"，载新华网，http://news. xinhuanet. com/politics/2016-12/08/c_1120082577. htm.

［2］《2010 年全国教育事业发展统计公报》，载教育部网站，http://www. moe. gov. cn/srcsite/

A03/s180/moe_633/201203/t2012321_132634. html.

［3］ "国家中长期教育改革和发展规划纲要（2010-2020 年）"，教育部网站，http://www.
moe. gov. cn/srcsite/A01/s7048/201007/t20100729_171904. html.

［4］ 陈独秀："蔡孑民先生逝世后感言"，载陈独秀研究网，http://www. chenduxiu. net/
ReadNews. asp? NewsID=1253.

［6］ 张岱年："我与北大"，载《光明日报》1998 年 2 月 28 日。

［7］ 李沐羲："西南联大——中国教育史上的一座丰碑"，载《中华读书报》2007 年 10 月
31 日。

［8］ 费孝通："'美美与共'与人类文明"，载中国文明网，http://www. wenming. cn/qmyd_
pd/sz/201012/t20101209_27933. shtml.

［9］ 柳哲："精神寻梦在北大：游学燕园六年记"，载新华网 http://news. xinhuanet. com/2003-
07/content_968527. htm.

后 记

2015 年 10 月，国务院印发《统筹推进世界一流大学和一流学科建设总体方案》，对我国建设世界一流大学和一流学科做出整体规划和部署，这是继"985 工程"和"211 工程"实施以来再次开启的全面建设世界一流大学的新征程的标志性事件。为此，北京大学、清华大学和上海市率先启动教育综合改革且获得教育部批准，标志着我国高校新一轮综合改革拉开了序幕。之前，经过 20 多年的探索，我国在一流大学建设方面取得了一定的成绩，然而存在的一些问题也不容忽视，例如高校过度追求功利化、市场化、实用化和绩效化，导致高等教育偏离育人为本的初衷。今天，当"双一流"的理念再次被提及和追逐时，我们需要进一步冷静思考一流大学背后所蕴藏的真正含义，什么是一流大学、怎么建设一流大学、建设一流大学的过程中我们应当坚持什么？一流大学与一流大学精神，相辅相成，相向而行，也相互印证。建设一流大学，"皮囊"固然重要，但作为"灵魂"，一流大学精神才是内在支撑。

一流大学的精神建构，意义还不止于育人本身。因为一流大学应该对中国的经济发展、政治民主、文化先进、国防现代化建设和社会和谐发挥直接作用，把中国推向世界一流发达国家。这件有关宏旨的事情，如果不从根源上理清何谓一流大学？何为一流大学精神？将无从谈起。丁学良先生认为：世界一流大学必须具有普世主义和世界主义的精神实质。在当今高度信息化的时代和全球化的时代，这一点变得更加重要。世界一流大学的精神特质，就是追求卓越和对真理孜孜不倦地求索。除此之外，对人类普遍的关怀意识、对社会服务的意识，也是一流大学精神的魅力所在。纽曼说："大学教育是通过一种伟大而平凡的手段去实现一个伟大而平凡的目的。"大学精神的魅力，对于国家的每一个受过大学教育的人而言，真正凝聚人心的必然是一所大学作为特定的学术场域散发出的切近大学文化组织身份、切近人类精神生活进步历程的大学气息，这种气息是没有相当底蕴和积淀的校园所无法企及的。

换言之，一流大学是一个国家综合国力的重要体现，也是一个国家高等教育发展的必然要求。一流大学固然有许多指标，如一流的师资、一流的学科、一流的办学成就等，但更主要的是一所学校要有一个文化的蕴涵，文化的底蕴。文化的蕴涵越深厚，学校的基础就越深厚……一流大学和一般大学的不同就在此。一流大学不仅是一个传播知识、培养人才、进行科学研究以及服务社会的场所，更是一个文化的殿堂、追求真理的堡垒、引领社会的轴心机构、守望人文精神的家园。

图书在版编目（CIP）数据

"双一流"背景下大学精神的育人工作理论、方法和模式建构/龙洁著. 一北京：中国政法大学出版社，2019.9
ISBN 978-7-5620-9223-0

Ⅰ.①双… Ⅱ.①龙… Ⅲ.①高等学校－人才培养－研究－中国 Ⅳ.①G649.2

中国版本图书馆 CIP 数据核字(2019)第 221699 号

出 版 者	中国政法大学出版社
地　　址	北京市海淀区西土城路 25 号
邮寄地址	北京 100088 信箱 8034 分箱　邮编 100088
网　　址	http://www.cuplpress.com (网络实名：中国政法大学出版社)
电　　话	010-58908285(总编室) 58908433（编辑部）58908334(邮购部)
承　　印	保定市中画美凯印刷有限公司
开　　本	720mm×960mm　1/16
印　　张	11.5
字　　数	180 千字
版　　次	2019 年 9 月第 1 版
印　　次	2019 年 9 月第 1 次印刷
定　　价	42.00 元